The Adventures of Sherlock Holmes

English & French

Author: Arthur Conan Doyle 1892
Translator: Jeanne de Polignac 1892
Author/Translator/Editor: Nik Marcel 2016

A Bilingual (Dual-Language) Book

2Language Books

The Adventures of Sherlock Holmes Vol.1
English & French

Copyright © 2016 Nik Marcel

All rights reserved. Without limiting the rights under copyright reserved above, no part of this publication may be decompiled, reverse engineered, reproduced, stored in or introduced into a retrieval system, or transmitted, in any form, or by any means (electronic, mechanical, photocopying, recording, or otherwise) now known or hereinafter invented, without the prior written permission of the copyright owner of this book.

This dual-language (bilingual) edition, including its compartmentalised structure, its formatting, and its translation, is owned by Nik Marcel.

ISBN-13: 978-1523979813
ISBN-10: 152397981X

2Language Books
(A Bilingual Dual-Language Project)

Editor's Note:

Important Note: The English text has been modernised and adapted, and has in large part been rewritten according to the French translation.

This Edition: Volume 1 of this bilingual edition of The Adventures of Sherlock Holmes contains three stories: 'The Red-headed Association'; 'A Case of Identity'; and 'The Five Orange Pips'.

This volume includes an introductory section summarising the important aspects of French grammar. The digital edition also contains a translation skills test.

The dual-language text has been arranged into small bilingual snippets for quick and easy cross-referencing. The content is ideal for assisting the intermediate language learner to transition to foreign language only content. Also, if the content is too difficult, there is other material put out by 2Langauge Books that can help.

The book can be read in parallel text format (side by side), but can also be read only in English, or only in French.

The eventual aim is to read with a comfortable level of understanding only in the foreign language. If you are a beginner, read the native language snippet first. If you are at an intermediate level, read the foreign language snippet first. The advanced level is like the beginners level, except you have to try and figure out the foreign language text, instead of having it provided. One way to do this is to cover the foreign text snippet. In the digital edition, you can take an intermediate or advanced level skills test.

(A Dual-Language Book Project)
2Language Books

French Grammar Summary:

Definite Article:
Masculine: le, l', les
Feminine: la, l', les

Indefinite Article:
Masculine: un, des
Feminine: une, des

Partitive Article:
Masculine: du [de + le], de l', des
Feminine: de la, de l', des

Subject Pronouns: je, nous, tu, vous, il elle on, ils elles
Direct Object Pronouns: me, nous, te, vous, le la, les
Indirect Object Pronouns: me, nous, te, vous, lui, leur
Emphatic Pronouns: moi, nous, toi, vous, lui elle soi, eux elles
Reflexive Pronouns: me, nous, te, vous, se, se
Demonstrative Pronouns: celui ceux [-ce/-là] (m.), celle celles [-ce/-là] (f.)
Possessive Pronouns: le (la) (les)… mien(ne)(s), nôtre(s), tien(ne)(s), vôtre(s), sien(ne)(s), leur(s)

Interrogative Pronouns: qui, que, lequel
IP with Person + Subject of question: qui/ qui est-ce qui
IP with Person + Object of question: qui/ qui est-ce que
IP with Person + after preposition: qui
IP with Thing + Subject of question: qu'est-ce qui
IP with Thing + Object of question: que/ qu'est-ce que
IP with Thing + after preposition: quoi

Relative Pronouns: qui, que, lequel, dont, où
RP: Subject or Indirect Object (person) [except if preposition is 'de'] = qui
RP: Direct Object = que
RP: Indirect Object (thing) [except if preposition is 'de'] = lequel
RP: Indirect Object (person or thing) Preposition is 'de' = dont
RP: When 'de' is part of a prepositional phrase, 'dont' changes to 'duquel'

Indefinite Relative Pronouns: ce qui, ce que/qu', ce dont, quoi, quiconque
IRP ce qui = subject [Hint: Look at the position of the IRP with respect to the verb.]
IRP ce que/qu' = direct object
IRP quoi = object of preposition [except 'de']
IRP ce dont = object of preposition 'de'

Prepositions: à, à côté de, après, avant, avec, chez, contre, dans, de, depuis, devant, en, entre, jusque, par, pendant, pour, sans, selon, sur

Direct Object: Person or thing not preceded by a preposition.
Indirect Object: Person or thing preceded by a preposition.
Indirect Object Pronoun: Animate object (person or animal, but not an inanimate thing) preceded by the preposition 'à' or 'pour'. The preposition is in French (irrespective of the English equivalent), and may be implied.

Demonstrative Adjectives: ce cet ces (m.), cette ces (f.)
Interrogative Adjectives: quel qeuls (m.), quelle quelles (f.)
Possessive Adjectives: mon ma mes, notre nos, ton ta tes, votre vos, son sa ses, leur(s)

Object Pronoun Order (including negative imperative): me nous te vous se, le la les, lui leur, y, en
Object Pronoun Order for positive imperative: le la les, moi nous toi vous lui leur, y, en

Additional Notes on 'en' and 'y':
Note 1: Object pronoun *en* immediately precedes the verb, and replaces *de, du, de la, de l', des + noun*. It also replaces a noun preceded by an expression indicating quantity.
Note 2: Object pronoun *en* can also replace a clause meaning *about/of it* or *about/of them*. In this case, the verb is typically preceded by *de*.
Note 3: Adverb *en* replaces *de + location*
Note 4: Object pronoun *y* replaces *à, au, à la, à l' + thing*.
Note 5: Adverb *y* replaces prepositional phrases indicating location. E.g. *à.. dans.. sur.. sous.. en.. devant.. + location*. Exception: *de + location* is replaced by *en*.
Note 6: '*y*' immediately precedes the verb, except in the positive imperative.

Contractions:
à la = à la
à le = au
à les = aux

de la = de la
de le = du
de les = des

à lequel = auqeul (m. s.)
à lesquels = auxqeuls (m. pl.)
à laquelle = à laquelle (f. s.)
à lesquelles = auxquelles (f. pl.)

de lequel = duquel (m. s.)
de lesquels = desquels (m. pl.)
de laquelle = de laquelle (f. s.)
de lesquelles = desquelles (f. pl.)

Nouns:
Forming the feminine noun:
Note 1: For people and some animals, add -e for feminine case.
Variation: If ending is vowel plus -l, -n, or -t, double the consonant before adding the -e. E.g. -el/-elle, -an/-anne, -on/-onne, -et/-ette.
Note 2: Some nouns add -ess to form feminine case.
Note 3: Masculine singular noun ending in unaccented -e does not change form for feminine case.
Note 4: Some nouns in the feminine case have an entirely different word. E.g. l'homme, la femme.
Note 5: Nouns that do not change form for the feminine case nevertheless reflect the change in case for the definite or indefinite article. E.g. un artiste, une artiste; un athlète, une athlète; le cycliste, la cycliste; un enfant, une enfant; le secrétaire, la secrétaire; un touriste, une touriste.
Note 6: Some nouns are feminine regardless of sex. E.g. une personne; une souris.
Note 7: Some nouns are masculine regardless of sex. E.g. le ange; un bébé, un gnome, un juge, le leadeur, un médecin, un pilote, un pirate.

Noun endings typically masculine: -acle, -age, -al, -eau, -eu, -ée, -et, -ier, -in, -ion, -isme, -ment, -oir, -on, -ort, -ou, -té. Hint: words ending in a consonant are typically masculine.
Noun endings typically feminine: -ade, -ale, -ance, -anse, -ence, -ense, -ette, -ie, -ion, -ique, -oire, -sion, -té, -tié -tion, -ue, -ure. Hint: words ending in -e are typically feminine.

Masculine/feminie noun patterns: -an/-anne, -el/-elle, -er/-ère, -et/-ette, -eur/-eresse, -eur/-euse, -eur/-rice, -f/-ve, -ien/-ienne, -ier/-ière, -on/-onne, -ou/-olle, -teur/-teuse, -teur/-trice, -x/-se.

Forming the plural case for nouns:
Note 1: Typically add -s.
Note 2: Plural form is same as singular form for nouns ending in -s, -x, or -z.
Singular/plural patterns: -ai/-aux, -ail/-aux, -au/-aux, -eau/-eaux, -eu/-eux.

Additional notes on nouns:
Note 1: A plural noun that refers to males and females is masculine.
Note 2: Inanimate objects and some animals have one case, masculine or feminine.

Adjectives: An adjective agrees in gender and number with the noun it modifies.
Forming the feminine case for adjectives:
Note 1: To form the feminine singular case, generally add -e. Examples: un petit paquet (m.), une petite valise (f.); un joli modèle (m.), une jolie route (f.); le deuxième jour (m.), la deuxième semaine (f.).
Note 2: Adjectives ending in -é follow this general rule. Example: un paquet recommandé, une lettre recommandée.
Variation: If ending is vowel plus -l, or -n, double the consonant before adding the -e. Hint: Same as for nouns.
Note 3: Masculine singular adjective ending in unaccented -e does not change form for feminine case. Hint: Same as for nouns. Examples: un climat humide, une chambre humide; un jeune employé, une jeune employée.

Note 4: There are of course exceptions. Examples: il est heureux, elle est heureuse; un manteau neuf, une robe neuve.

Masculine/feminine adjective patterns: -ais/-aîche, -ais/-aisse, -an/-anne, -anc/-anche, -as/-asse, -at/-ate, -é/- ée, -ec/-èche, -ef/-ève, -eil/-eille, -el/-elle, -en/-enne, -er/-ère, -et/-ète, -et/-ette, -eur/-euse, -eux/-euse, -f/-ve, -ien/-ienne,-if/-ive, -in/-igne, -nu/-nue, -on/-onne, -os/-osse, -ou/-olle, -x/-se.

Forming the plural case for Adjectives:
Note 1: For plural from, typically add -s. Example: le petit magasin, les petits magasins.
Note 2: Plural form is same as singular form for adjectives ending in -s, -x. Hint: Same as for nouns. Examples: le vieux magasin, les vieux magasins; le mauvais hôtel, les mauvais hôtels.
Note 3: Adjectives ending in -eau in the masculine singular case add -x to form the masculine plural case. Examples: le nouveau magasin, les nouveaux magasins; le beau livre, les beaux livres.
Note 3: The ending -al changes to -aux.

Positioning the adjective:
Note 1: Adjectives can follow the noun (post-nominal), or precede the noun (pre-nominal).
Note 2: Most adjectives follow the noun they modify.
Note 3: Some adjectives may be used in both positions.

Adjectives that follow the noun:
Note 1: Descriptive adjectives that seek to describe the **nature or appearance** of a noun in some **literal** sense, follow it.
Exception: Such descriptive adjectives sometimes precede the noun to emphasise this adjective.
Note 2: These include adjectives indicating colour, shape, religion, nationality and past participles acting as adjectives. Examples: une valise verte; un employé français; un paquet recommandé.
Note 3: Descriptive adjectives referring to subjective (or figurative) qualities precede the noun. These seek to describe the noun in a figurative rather than literal sense. Examples: un beau jour; une jolie femme; un mauvais garçon.

Adjectives that precede the noun:
Note 1: Descriptive adjectives referring to subjective (or figurative) qualities precede the noun. The noun is not considered to possess a certain quality as an innate characteristic. Rather, a certain quality is attributed to the noun.
Note 2: Non-descriptive adjectives precede the noun.
Note 3: Non-descriptive adjectives do not say anything in particular about the nature or appearance of a noun. You do not actually learn anything about a noun through a non-descriptive adjective. You learn, rather, about the way a noun **relates** (or does not relate) to its surroundings, whether those surroundings be temporal (in time), spatial (in space), or conceptual.

Note 4: Non-descriptive adjectives include demonstrative adjectives, indefinite adjectives, interrogative adjectives, possessive adjectives, numeral adjectives and ordinal adjectives. Examples: ces enfants; plusieurs enfants; quelle heure; ma sœur; deux enfants; premier étage.

Adjectives that change meaning:
Note: Some adjectives change meaning depending on their position. If they follow a noun, they have a descriptive meaning. If they precede the noun, they have either a subjective (or figurative) descriptive meaning or a non-descriptive meaning.
seul: [pre-nominal] only one; [post-nominal] alone.
cher: [pre-nominal] dear; [post-nominal] expensive.
ancient: [pre-nominal] former; [post-nominal] old, ancient.
vrai: [pre-nominal] real; [post-nominal] true.
dernier: [pre-nominal] last of a series; [post-nominal] last, preceding.

Additional notes on adjectives:
Note 1: Some adjectives can change position for stylistic reasons. Example: d'excellentes vacances; des vacances excellentes.
Note 2: The position of an adjective is sometimes dependent on the noun it qualifies. Example: la prochaine fois; la semaine prochaine.
Note 3: Some masculine singular adjectives have two forms, depending on whether they precede a word starting with a vowel (or mute H) or a consonant. Examples: un vieil ami, un vieux monsieur; un bel hôtel, un beau magasin; un nouvel employé, un nouveau gérant.

Verb Charts:

Order: je, nous, tu, vous, il elle on, ils elles

Present (-er): Stem + e, ons, es, ez, e, ent
Present (-re): Stem + s, ons, s, ez, , ent
Present (-ir): Stem + is, issons, is, issez, it, issent

Imperf. (-er, -re): Stem + ais, ions, ais, iez, ait, aient
Imperf. (-ir): Stem + issais, issions, issais, issiez, issait, issaient

Pret. (-er): Stem + ai, âmes, as, âtes, a, èrent
Pret. (-re, -ir): Stem + is, îmes, is, îtes, it, irent

Future (-er, -re, -ir): Fut. Stem + ai, ons, as, ez, a, ont

Cond. (-er, -re, -ir): Fut. Stem + ais, ions, ais, iez, ait, aient

Imperf. Subj. (-er): Subj. Stem + asse, assions, asses, assiez, ât, assent
Imperf. Subj. (-re, -ir): Subj. Stem + isse, issions, isses, issiez, ît, issent

Imperative (-er): Stem + [nous] ons, [tu] e, [vous] ez
Imperative (-re): Stem + [nous] ons, [tu] s, [vous] ez
Imperative (-ir): Stem + [nous] issons, [tu] is, [vous] issez
Note 1: Subject pronoun is omitted in the imperative (or command) form.
Note 2: Object pronoun order for negative imperative follows standard convention.
Note 3: Object pronoun order for positive imperative has a unique convention.

Present Perfect (-er, -re, -ir): Pres. of avoir/être + pa.part.
PluPerfect (-er, -re, -ir): Imperf. of avoir/être + pa.part.

Impersonal Verbs: third person singular indefinite 'il' (or 'it')
Impersonal Verbs: s'agir, arriver, faire, falloir, geler, se passer, pleuvoir, sembler, suffire, se trouver, venter, valoir (mieux)
Note 1: Some verbs can be used 'impersonally', possibly with a change in meaning.
Note 2: Some impersonal verbs require the following verb to be in the subjunctive. E.g. falloir, importer, se pouvoir, sembler.

Reflexive Pronominal Verbs: s'asseoir, se baigner, se coiffer, se coucher, se couper, se dépêcher, se laver, se lever, se raser, se regarder, se réveiller
Reciprocal Pronominal Verbs: s'adorer, s'aimer, se comprendre, se detester, s'embrasser, se laver, se parler, se regarder, se rencontrer
Non-reflexive or Idiomatic Pronominal Verbs: s'adresser, s'en aller, s'améliorer, s'appeler, s'attendre (à), se demander, se douter, s'entendre, s'occuper, se passer, se plaindre, se rappeler, se server, se souvenir de, se trouver
Note 1: In the compound tenses, including the Present-Perfect and Pluperfect, all pronominal verbs are conjugated using 'être'.
Note 2: To say something is a 'Non-reflexive or Idiomatic Pronominal Verb' simply means that although it is written in a reflexive pronominal form, (ie. it requires a reflexive pronoun,) it does not act in a reflexive manner. However, the meaning of a verb often changes when it is used in this way.

Verb Agreement:
Note 1: For Present-Perfect verbs using 'avoir', if the direct object precedes the conjugation of 'avoir', then the past participle must agree <u>with the direct object</u> (in gender and number).
Note 2: For Present-Perfect verbs using 'être', in all cases, the past participle must agree <u>with the subject</u> (in gender and number).
Note 3: For the passive voice, (conjugated 'être' + past participle,) the past participle must agree with the subject (in gender and number).
Note 4: Pronominal verbs in the compound tenses, including the Present-Perfect and Pluperfect, are always conjugated using 'être', therefore the past participle must agree with the subject (in gender and number). Exception: when the reflexive pronoun is the indirect object.
Note 5: In general, if the pronominal verb is not followed by a noun then the reflexive pronoun is the direct object, and so there is agreement.
Note 6: In general, if the pronominal verb is followed by a preposition + noun, the reflexive verb is the direct object, and so there is agreement.
Note 7: If the pronominal verb is followed by a noun with no preceding preposition, the reflexive verb is the indirect object, and so there is **no** agreement.
Note 8: If the phrase also contains an object pronoun, then the reflexive pronoun is the indirect object, and so there is **no** agreement. There is, however, agreement with the object pronoun.
Note 9: For some verbs, the reflexive pronoun is always the indirect object, and so there is always **no** agreement.

Negative Constructions:
Note 1: After *ne* + *verb* + *pas*, replace indefinite or partitive articles *un*, *une*, *du*, *de la*, or *des* with *de* or *d'*.
Exception 1: The article is left unchanged if the verb is *être*.
Exception 2: The article is often left unchanged to emphasise the negative.
Note 2: In positive constructions, *des* also changes to *de* if the noun is preceded by an adjective.

Table of Contents:

Copyright...	II
Editor's Note...	III
French Grammar Summary..	IV
The Red-headed Association...	1
L'Association des Hommes Roux	
A Case of Identity..	30
Un Cas d'Identité	
The Five Orange Pips..	52
L'Aventure des Cinq Pépins d'orange	

The Adventures of Sherlock Holmes Vol.1

The Red-headed Association

One day in the autumn of last year, I called upon my friend, Sherlock Holmes.

I found him in deep conversation with a stout, red-faced, middle-aged gentleman, whose fiery red hair struck me.

I was on the verge of withdrawing, babbling an apology, when Holmes pulled me abruptly into the room.

"You could not possibly have come at a better time, my dear Watson," he said to me, in a cordial tone.

"Really, I was afraid that you were engaged?!"

"Indeed, I am."

"Then allow me to wait for you in the next room."

"Not at all."

"Mr Wilson," he said, in addressing the stout man, "the doctor here has been my partner and assistant in a number of instances in which I was able to clear up some extremely tangled cases. He will no doubt be a useful assistant in the case that you have just presented to me."

The stout gentleman half rose from his chair, and gave a bob of greeting, with a quick little questioning glance from his small, fat-encircled eyes.

"Sit down on the sofa," said Holmes, settling down into his armchair and clasping his hands together nervously, as was his custom when an important case was at hand.

"I know, my dear Watson, that you share my love of all that is bizarre and outside the conventions and monotonous routine of everyday life. You have shown your relish for it by the enthusiasm which has prompted you to chronicle, and, if you will excuse my saying so, somewhat to embellish so many of my own little adventures."

"You well know, my dear friend, the extent to which your judicial cases have interested me," I responded.

Les Aventures de Sherlock Holmes Vol.1

L'Association des Hommes Roux

L'année dernière, un jour d'automne, j'entrai chez mon ami Sherlock Holmes.

Je le trouvai en conférence avec un gros homme, d'âge moyen et dont la face rubiconde et les cheveux roux ardent me frappèrent singulièrement.

J'étais sur le point de me retirer en balbutiant une excuse, lorsque Sherlock Holmes m'attira brusquement dans le salon.

— Vous ne pouviez arriver plus à point, mon cher Watson, me dit-il, d'un ton cordial.

— Vraiment. Je vous croyais pourtant très occupé?

— Je le suis, en effet.

— Alors permettez-moi de vous attendre dans la pièce voisine.

— Pas du tout.

— Monsieur Wilson, dit-il, en s'adressant au gros homme, le docteur ici présent a été mon associé et mon collaborateur dans plusieurs circonstances où j'ai pu éclaircir des affaires fort embrouillées; il sera assurément un auxiliaire utile dans le cas que vous venez me soumettre.

Le personnage à qui s'adressait Holmes se souleva sur son siège en esquissant un salut et son petit œil, dissimulé sous les plis de l'arcade sourcilière, lança un éclair.

— Asseyez-vous sur le canapé, dit Holmes; tandis que lui-même s'installait dans son fauteuil, en serrant les doigts nerveusement, comme il avait coutume de le faire lorsqu'il s'agissait d'une cause importante.

Je sais, cher Watson, que vous partagez avec moi la passion du bizarre; que vous êtes attiré aussi par tout ce qui sort du convenu et du monotone train-train de chaque jour. Vous l'avez prouvé jusqu'à l'enthousiasme par la chronique, quelque peu embellie, ne vous en déplaise, que vous avez faite de mes petites aventures.

— Vous savez bien, cher ami, à quel point vos causes judiciaires m'ont intéressé, répondis-je.

"Now, Mr Jabez Wilson here has been good enough to come and see me this morning, and to recount the most gripping story that one could possibly listen to.

Have you not often heard me note the strange anomaly that, in considering two crimes, the most serious will be the most simple, while the other one will be complicated by circumstances so strange, so implausible even, that one inevitably asks oneself whether the crime has even been committed?

Would you be so kind, Mr Wilson, as to recommence your narrative.

You will be rendering service not only to my friend Dr Watson, who is not aware of the situation, but also to me, in permitting me to take in from your lips — to penetrate me more deeply — all the details of this strange adventure.

Often enough, a brief indication of the course of events is enough to guide me, especially through recollecting all the famous cases that I have had to study.

However, in the present instance, I confess that I find myself faced with circumstances absolutely outside of convention.

The portly client puffed out his large chest for show, and drew an old, crumpled newspaper from the pocket of his waistcoat.

In seeing him thus, in front of me, leaning forward — he was skimming through the advertisement column that he had spread out across his lap —, I endeavoured to employ my comrade's methods of analysis, and form an opinion about this individual according to his dress and appearance.

My inspection did not produce anything notable: our visitor had all the appearance of a common British tradesman: obese, pompous, and slow.

I could not distinguish anything remarkable, save his blazing red hair, and the expression of extreme discontent, chagrin even, spread across his face.

Sherlock Holmes, with his habitual alertness, grasped my thoughts, while my inquisitive look made him smile. He shook his head.

— Voici M. Jabez Wilson qui a eu la bonté de venir me voir ce matin pour me faire le récit le plus empoignant qu'il soit possible d'entendre.

Ne vous ai-je pas souvent fait remarquer cette étrange anomalie qu'entre deux crimes, ce sera toujours le plus grave qui sera le plus simple tandis que l'autre sera compliqué de circonstances si étranges, si invraisemblables même, qu'on en arrive à se demander si le crime a jamais existé.

Seriez-vous assez bon, monsieur Wilson, pour recommencer votre récit.

Vous rendrez service non seulement à mon ami le docteur Watson qui n'est pas au courant de la situation, mais aussi à moi, en me permettant de recueillir encore de votre bouche, pour m'en pénétrer plus complètement, tous les détails de cette étrange aventure.

Bien souvent une notion sommaire des événements suffit à me guider, surtout en me remémorant toutes les causes célèbres que j'ai eues à étudier.

Mais, dans le cas présent, j'avoue que je me trouve en présence de circonstances absolument en dehors du convenu.

Le gros client bomba sa large poitrine avec affectation, et tira de la poche de son manteau un vieux journal tout froissé.

En le voyant ainsi, devant moi, penché en avant (il parcourait la colonne des annonces dans le journal qu'il avait étalé sur ses genoux), j'essayai d'employer les procédés d'analyse de mon camarade, de me faire une opinion sur cet individu d'après ses vêtements et d'après son apparence.

Mon inspection n'aboutit à rien de saillant: notre visiteur avait toute l'apparence du vulgaire commerçant anglais: obèse, pompeux et lent.

Je ne distinguais aucun signe caractéristique, si ce n'est ses cheveux d'un roux ardent et une expression d'extrême mécontentement et même de chagrin répandue sur ses traits.

Sherlock Holmes, avec sa vivacité habituelle, saisit ma pensée et mon regard inquisiteur le fit même sourire. Il secoua la tête.

"It is indeed evident," he said, "that at some stage in his life he has done manual labour; that he takes snuff; that he is a Freemason; that he has been in China; and that he has done a considerable amount of writing lately. I can deduce nothing more than that."

Mr Jabez Wilson leapt from his chair, his paper in his hand, regarding my companion with a frighten look.

"How do you know that, Mr Holmes?" he cried out. "Who told you that I had worked with my hands? It is true, honestly, for I was a carpenter in the navy."

"It leaps out at me, my dear sir. Your right hand is quite a lot larger than your left, indicating that the muscles have been developed through work."

"Well, how have you determined that I am in the habit of snorting snuff, then; and that I am a Freemason?"

"I will not insult your intelligence by telling you how I have learnt that, especially as, rather against the strict rules of your order, you are wearing the insignia: an arc and compass breastpin."

"Ah, of course, I was not thinking about that. And how did you know that I have done a lot of writing recently?"

"What else can be indicated by your right cuff; that shiny mark five inches long; and, on the left, a patch so well done, at the place where your elbow was resting upon the desk?"

"Well, how did you determine that I have been in China?"

"It seems to me that the tattoo of a fish, just above your right wrist, could only have been done in the Celestial Empire. I have made a special study of tattoo marks, which I have even published. The soft pink colour of the fish scales is quite peculiar to China. When, in addition, I see a Chinese coin hanging, like a charm, from your watch-chain, I would suggest that one does not need to be a genius to propose that you have been in that country."

Mr Jabez Wilson laughed loudly.

"Goodness me," he said, "I thought that you were very skilful, before learning your method. It is actually rather simple after all."

— Il est bien évident, dit-il, qu'à une époque quelconque de sa vie, monsieur s'est livré à des travaux manuels; il prise le tabac, il est franc-maçon, il a été en Chine et il a beaucoup écrit ces temps derniers; je n'en sais pas plus long.

M. Jabez Wilson bondit de sa chaise, son journal à la main, et fixant mon camarade, d'un air effaré:

— Comment savez-vous cela, monsieur Holmes? s'écria-t-il. Qui vous a dit que j'avais travaillé de mes mains? C'est vrai, ma parole, j'ai été charpentier dans la marine.

— Cela saute aux yeux, cher monsieur. La main droite est sensiblement plus grande que la gauche, preuve que les muscles en ont été développés par le travail.

— Mais encore où voyez-vous que j'ai l'habitude de priser le tabac? que je suis franc-maçon?

Je ne vous ferai pas l'injure de vous dire comment je l'ai su; car, en dépit de toutes les règles de votre association, vous en portez les insignes, l'arc et le compas, en épingle de cravate.

— Ah! c'est vrai, je n'y pensais pas. Et comment savez-vous que j'ai beaucoup écrit ces temps-ci?

— Que signifieraient alors, sur votre manche droite, cette marque luisante longue de cinq pouces et, sur la gauche, une reprise si bien faite, à l'endroit où votre coude reposait sur le pupitre?

— Et où prenez-vous que je suis allé en Chine?

— Il me semble que le poisson tatoué, juste au-dessus de votre poignet droit n'a pu l'être que dans le Céleste-Empire. J'ai fait sur le tatouage une étude spéciale que j'ai même publiée. Ce coloris rose tendre des écailles de poisson est tout à fait particulier à la Chine. Lorsqu'en plus, je vois un sou chinois suspendu, comme breloque, à votre chaîne de montre, il me semble qu'il ne faut pas être sorcier pour avancer que vous êtes allé dans ce pays-là.

M. Jabez Wilson rit bruyamment.

— Ma parole, dit-il, je vous croyais très habile, avant de connaître votre procédé; il est bien simple après tout.

"I am beginning to think, Watson," said Holmes, "that I make a mistake in providing explanations. You know the proverb, 'Omne ignotum pro magnifico'; and my poor reputation will go downhill if I continue to be so candid. Can you not find the advertisement that you were speaking to me about, Mr Wilson?"

"Here it is at last," he answered, indicating the column of the newspaper with his thick finger. "Here it is, and this is the start of the whole affair. Read it for yourself, sir."

I took the paper out of his hands, and read as follows:—

"To the Red-Headed Association. On account of the legacy of the late Ezekiah Hopkins, of Lebanon, Penn., United States of America, there is now another vacancy open which entitles a member of the Association to a salary of forty pounds a week for purely nominal services. All red-headed men who are sound in body and mind, and above the age of twenty-one years, are eligible. Apply in person on Monday, at eleven o'clock, to Duncan Ross, at the offices of the Association, 7, Pope's Court, Fleet Street."

"What the devil does that mean?" I cried out, after having re-read the extraordinary announcement twice.

Holmes gave a faint smile, and wriggled in his chair. It was his way of showing extreme contentment.

"It is a little out of the ordinary, isn't it?" he said. "And now, Mr Wilson, off you go from scratch, and tell us all about yourself, your household, and the effect which this advertisement has had upon your fortunes. You will first make a note, Doctor, of the paper and the date."

"It is The Morning Chronicle, on April 27, 1890. That was two months ago."

"Yes indeed. You have the floor, Mr Wilson."

— Je commence à croire, Watson, repartit Holmes, que j'ai tort de donner des explications. Vous connaissez le proverbe: Omne ignotum pro magnifico, et ma pauvre réputation sombrera si je continue à être aussi franc. Ne pouvez-vous pas retrouver l'annonce dont vous me parliez, monsieur Wilson?

— La voici enfin, répondit-il, en montrant de son gros doigt la colonne du journal; la voici, et c'est le début de toute l'histoire. Lisez-la vous-même, monsieur.

Je pris le journal de ses mains et lus ce qui suit:

'À l'Association des roux. En raison du legs de feu Ezekiah Hopkins, de Lebanon, Penn., États-Unis d'Amérique, il se trouve y avoir dans la Ligue une nouvelle place vacante qui donne droit à un salaire de quarante livres par semaine pour des services purement nominaux. Tous les hommes roux, sains de corps et d'esprit, et ayant plus de vingt et un an sont éligibles. S'adresser en personne, lundi à onze heures, à Duncan Ross, au bureau de la Ligue, 7, Pope's court Fleet Street.'

— Que diable cela peut-il signifier? m'écriai-je, après avoir relu deux fois cette singulière annonce.

Holmes esquissa un sourire et se tréumoussa sur sa chaise; c'était chez lui un signe d'extrême contentement.

— Cela sort de l'ordinaire, n'est-ce pas? dit-il. Et maintenant, monsieur Wilson, tranchons dans le vif et racontez-nous tout ce qui vous concerne, vous et les vôtres. Quelle a été l'influence de cette annonce sur votre sort? Veuillez, docteur, inscrire sur votre calepin le nom du journal et sa date.

— C'est le Morning Chronicle du 27 avril 1890. Il y a deux mois de cela.

— Parfaitement. Vous avez la parole, monsieur Wilson.

"Well, it is just as I have been telling you, Mr Sherlock Holmes," said Jabez Wilson, frowning, "I have a small pawnbroker's business at Coburg Square, near the city. It is not a very large shop, and in these last years I have had great difficulty just making ends meet. I used to have two assistants. I had to get rid of one of them; and I would have been obliged to let the second one go if the fine lad had not consented — in order to learn the business — to working for me for half the usual wage."

"What is the name of this obliging young man?" asked Sherlock Holmes.

"His name is Vincent Spaulding, and he is not as young as one might think at first sight, although I would not be capable of giving him an age. In any event, he is a first-rate employee, Mr Holmes. He could easily earn double what I give him. But after all, if he is satisfied, it is not my role to give him ideas of ambition!"

"Why, indeed? You must consider yourself most fortunate in having an excellent employee working under such modest conditions. It is a rare experience among employers in this age. I wonder whether you assistant is even more remarkable than your advertisement."

"Good grief, he has his faults, too," said Mr Wilson. "I have never seen the passion for photography taken further than with him. Slipping away with a camera at times when he should be working; and then descending to the depths of the cellar, like a rabbit going into its hole, to develop his pictures. That is his main fault. Besides that, he is a good worker. There is no hint of malice in him."

"He is still with you, I presume?"

"Yes, sir. I only have him and a girl of fourteen, who does a bit of cooking and cleans the house. I am a widower, you see, and no longer have any family. We live very quietly, sir, the three of us; earning just enough to keep a roof over our heads and pay our debts, though nothing more."

— Eh bien! je vous disais donc, monsieur Sherlock Holmes, reprit Jabez Wilson en fronçant les sourcils, que j'ai une petite boutique de prêteur sur gages à Coburg-Square, près de la cité. Ce n'est pas une boutique importante, et, dans ces dernières années, j'ai eu bien de la peine à joindre les deux bouts. J'avais deux assistants; j'ai dû en supprimer un, et encore aurais-je été obligé de renoncer au second si ce brave garçon n'avait consenti, pour apprendre le métier, à entrer chez moi pour la moitié des gages ordinaires.

— Quel est le nom de ce jeune homme obligeant? demanda Sherlock Holmes.

— Il s'appelle Vincent Spaulding et il n'est pas aussi jeune qu'on pourrait le croire à première vue; je ne saurais cependant lui assigner un âge, mais par exemple c'est un employé de premier ordre, monsieur Holmes; il pourrait facilement gagner le double de ce que je lui donne. Après tout, s'il est satisfait, ce n'est pas mon rôle de lui donner des idées d'ambition.

— En effet? Vous devez vous estimer très heureux d'avoir un excellent employé à des conditions aussi modestes. C'est rare chez des employés de cet âge, et je me demande ce qu'il faut le plus admirer de votre annonce ou de votre employé.

— Mon Dieu! il a ses défauts aussi, dit M. Wilson. Je n'ai jamais vu la passion de la photographie poussée plus loin que chez lui. S'esquivant avec un appareil photo aux heures où il devrait travailler, il descend au fond de la cave, comme un lapin qui se terre, pour développer ses photos. Voilà son principal défaut. En dehors de cela c'est un bon travailleur, et il n'a pas la moindre malice.

— Je pense qu'il est encore chez vous?

— Oui, monsieur, je n'ai que lui et une gamine de quatorze ans qui fait un peu de cuisine et nettoie la maison; car je suis veuf, et je n'ai plus de parents. Nous vivons très tranquillement, monsieur, tous les trois; gagnant juste de quoi nous abriter sous un toit et payer nos dettes, rien de plus.

"The first thing to break the monotony of our existence was that advertisement. Spaulding came into the office, I recall that it was precisely eight weeks ago today, with this very paper in his hand, and he cries out:—

'What misfortune, Mr Wilson, that I am not red-haired.'

'And why is that?' I inquired.

'Why?' he says. 'Here is a job vacancy in the Association of the Red-headed Men. The pay is excellent. I am lead to believe that there are more vacancies than there are associates, such that the trustees do not know what to do with the funds. If only my hair could change colour!'

'But what is the meaning of all this?' I asked. Take good note, Mr Holmes, I am very much a stay-at-home man. Business comes to me. I do not have to leave my place, and entire weeks often pass without me crossing my doorstep. In this way, I do not know much about what is going on outside, and I am always interested in hearing a bit of news.

'Have you never heard of the Association of the Red-headed Men?' asked my employee, with his eyes wide open.

'Never.'

'That is really quite remarkable, for you are an eligible candidate.'

'How much are members paid?' I asked.

'Oh, around eight thousand euros a year. Furthermore, the work is not much, and it need not interfere very much with other occupations that one may have.'

"Well, you can easily think that that response made me prick up my ears, for the business has not been brilliant in these last years, and an extra eight thousand euros is not to be sniffed at.

'Well, tell me all about it, and in the minutest detail,' I said.

'Well,' he said, showing me the advertisement, 'you can see for yourself that the Association is seeking a member, and there is the address of the office where you must present yourself for more information.

What I can tell you is that the Association was founded by an eccentric American millionaire, Ezekiah Hopkins.

La première chose qui vint rompre la monotonie de notre existence fut cette annonce. Spaulding arriva au bureau, je me rappelle que ce fut précisément il y a huit semaines aujourd'hui, avec ce même journal à la main et s'écrie:

— Quel malheur, monsieur Wilson! que je ne sois pas roux.

— Et pourquoi cela? demandai-je.

— Pourquoi? voici un poste vacant dans l'Association des hommes roux. La paie est excellente. Je crois savoir qu'il y a plus de places que d'associés, de sorte que les administrateurs ne savent pas quoi faire avec les fonds. Si seulement mes cheveux pouvaient changer de couleur!

— Mais que signifie cette histoire? m'écriai-je. Remarquez bien, monsieur Holmes, que je suis un homme très casanier. Les affaires viennent à moi; je n'ai donc pas à me déranger; et je passe souvent des semaines entières sans franchir le seuil de ma porte. De cette façon, j'ignore tout ce qui se passe au dehors; et la moindre nouvelle a de l'intérêt pour moi.

— N'avez-vous jamais entendu parler de l'Association des hommes roux? demanda mon employé, en écarquillant les yeux.

— Jamais.

— C'est fort étonnant; car vous êtes un candidat admissible.

— Combien paye-t-on les associés?

— Oh! environ huit mille euros par an; le travail est peu considérable, du reste, et cela ne nuit pas beaucoup aux autres occupations qu'on peut avoir.

Vous pensez bien qu'à cette réponse je dressai l'oreille; car les affaires n'ont pas été brillantes dans ces dernières années et une somme de huit mille euros n'est pas à dédaigner.

— Racontez-moi donc tout cela par le menu, dis-je à Spaulding.

— Eh bien! me dit-il, en me montrant l'annonce, vous voyez vous-même que l'Association est en quête d'un membre et voici l'adresse du bureau auquel vous devez vous présenter pour avoir de plus amples renseignements.

Ce que je puis vous dire, c'est que l'Association a été fondée par un millionnaire américain, très original, Ezekiah Hopkins.

He was himself red-headed, and he had a great deal of sympathy for all people who had hair of this colour. Hence, upon his death, it was discovered that he had left his enormous fortune in the hands of five trustees. The trust fund had been set up to serve the interests of battling red-haired men. According to what I hear, the position pays well and there is very little to do.'

'But,' I said, 'that position must be sought after by millions of red-heads, no?'

'There are not so many of them as you might think,' he answered, 'for they only allow residents of London, and grown men at that.

This American had left London when he was young, and had not wanted to be ungrateful to the old city.

I will add that men whose hair is light red, or dark red, are excluded. Just one shade is acceptable: fiery red.

Now, if you care to apply, Mr Wilson, you could do so. Although, perhaps eight thousand euros is hardly worth the trouble of going out of your way.'"

"You can well see, gentlemen, that my hair is of a very intense tint. It seemed to me, therefore, that I ought to have had as good a chance as anyone in any such competition.

Vincent Spaulding seemed so well informed that I did not hesitate to have him accompany me, after having him close the office for the day.

Delighted by the holiday I was offering him, he set off with me, and we directed our steps towards the address that was provided by the newspaper.

I never hope to see such a sight as that again, Mr Holmes: from north to south, and from east to west, every individual having hair of some sort of reddish tinge had headed for the city, in response to the advertisement.

Fleet Street was choked up with red-headed folk, and Pope's Court looked like a handcart full of oranges.

I would never have thought it possible to have such a large number of red-headed men.

Il était roux lui-même et avait beaucoup de sympathie pour les gens qui avaient aussi cette couleur de cheveux; de sorte que, à sa mort, on découvrit qu'il avait laissé son immense fortune à cinq fidéicommissaires. Le fonds fiduciaire avait été créé pour servir les intérêts des hommes roux besogneux. D'après ce que j'entends dire, c'est une situation bien payée et le travail est peu considérable.

— Mais cette place doit être briguée par des millions de roux?

— Il n'y en a pas autant que vous croyez, car on n'admet que les habitants de Londres et des hommes faits.

Cet Américain avait quitté Londres tout jeune et n'avait pas voulu être ingrat envers la vieille cité.

J'ajouterai que les hommes à cheveux roux clair, ou roux foncé, sont exclus; une seule nuance est admise: le roux ardent.

Si maintenant vous désirez vous présenter, monsieur Wilson, vous le pouvez; mais, après tout, pour huit mille euros ce n'est peut-être guère la peine de se déranger.

— Vous le voyez, messieurs, mes cheveux sont d'une teinte très accentuée; il me semblait donc que je dusse avoir dans un concours plus de chances qu'un autre.

Vincent Spaulding me semblait si bien renseigné que je n'hésitai pas à me l'adjoindre, après lui avoir fait fermer le bureau pour la journée.

Lui, ravi du congé que je lui proposais, partit avec moi et nous dirigeâmes nos pas vers l'adresse indiquée par le journal.

Je ne reverrai jamais pareil spectacle, monsieur Holmes: du nord au sud, de l'est à l'ouest, tout individu ayant les cheveux d'une teinte rougeâtre quelconque s'était dirigé vers la Cité pour répondre à l'annonce.

Fleet Street était encombré de gens aux cheveux roux, et Pope's court ressemblait à une voiture à bras remplie d'oranges.

Je n'aurais jamais cru qu'il y eût un aussi grand nombre d'hommes roux.

Every shade of colour they represented: straw, lemon, orange, brick, Irish-setter, liver, clay; but, as Spaulding had said to me, there were not many who had the real vivid flame-coloured tint like mine.

If it were left to me, and in seeing the number of rivals, I would have gladly given up on entering the competition, but Spaulding would not allow me to pull out.

I do not know how he did it, but he pushed and bumped and jostled until he got me through the crowd, and up to the top of the stairs that led to the office. Upon these stairs, the rising wave of folk full of hope clashed with the descending wave of sad and disappointed fellows. Finally, we muscled our way into the office."

"This beginning is most interesting," interrupted Holmes, as his client paused and refreshed his memory with a huge pinch of snuff. "Please, continue your account."

"There was nothing in the office but a couple of wooden chairs and a counter, behind which sat a small man, with a head of hair that was even redder than mine.

He said a few words to each candidate as he came up, and then he always managed to find some fault that would disqualify them.

Being admitted did not seem to be such an easy task as I was initially lead to believe.

However, when my turn came, the little red-haired man was much more favourable to me than to any of the others. He even closed the door so that he might have a private word with us.

'This is Mr Jabez Wilson,' said my assistant, 'and he is willing to fill a vacancy in the Association.'

'And he is admirably suited for it,' the other answered. 'He has every requirement. I cannot recall when I have seen anything so fine.'

He took a step backwards, looked to the left and right, and gazed at my hair. Then he suddenly adanced towards me, shook my hand, and congratulated me warmly on my success.

Toutes les nuances étaient représentées: le paille, le citron, l'orange, le brique, la couleur chien d'arrêt irlandais, le jaune foie, le jaune argile; mais, comme me l'avait dit Spaulding, il y en avait peu de cette nuance roux ardent qui est la mienne.

Livré à moi-même et en voyant le nombre des concurrents, j'aurais volontiers renoncé à entrer en compétition. Mais Spaulding ne voulut pas me permettre de me retirer.

Je ne sais comment il s'y prit; il poussa, coudoya, bouscula, jusqu'à ce qu'il m'eût fait traverser la foule et m'eût amené au haut de l'escalier qui conduisait au bureau; et sur les marches duquel se heurtait le flot montant plein d'espoir, et le flot descendant, triste et désappointé; enfin nous forçâmes le passage et nous entrâmes.

— Ce début est fort intéressant, interrompit Holmes, pendant que son client s'arrêtait et rassemblait ses souvenirs au moyen d'une bonne pincée de tabac à priser. Je vous en prie, continuez votre récit.

— Il n'y avait dans le bureau que quelques chaises en bois et un comptoir, derrière lequel se tenait un petit homme encore plus roux que moi.

Il disait un mot à chaque candidat, au moment où ce dernier s'approchait, et lui trouvait toujours quelque défaut qui le disqualifiât.

L'admission ne me semblait pas une tâche aussi facile que je me l'étais laissé persuader tout d'abord.

Cependant, lorsque vint mon tour, le petit homme roux sembla m'être plus favorable qu'aux autres; il ferma même la porte afin de causer seul avec nous.

— Je vous amène M. Jabez Wilson, dit mon employé; il est prêt à entrer dans l'Association.

— Et il a certainement toutes les qualités requises pour cela, répondit l'autre. Je ne me rappelle pas avoir vu une nuance de cheveux aussi parfaite.

Il recula d'un pas, regarda à droite, à gauche, et fixa mes cheveux. Puis, tout à coup, s'avançant vers moi, il me serra la main et me félicita chaudement de mon succès.

'It would be unjust to hesitate for an instant,' he said, 'in having you entering into the Association. Allow me, however, to take a precaution, which could not possibly injure you, I hope.'

And, upon saying this, he seized a quantity of my hair in both his hands, and tugged so violently that he extracted an involuntary cry of pain from me.

'Your eyes are full of tears,' he said, as he finally released me.

'I perceive that there is no hoax. But, I am sure you understand, we must take all possible precautions, having already been deceived twice by wigs and once by dye.

I could tell you tales that would show you our poor humanity in a deplorable light.'

At that moment, the person I was talking to approached the window and shouted to the crowd with all his might, saying that the vacancy was filled.

A murmur of disappointment followed, and everyone returned home, more or less sheepishly.

I remained, face-to-face with this strange fellow, whose hair was not less red than mine.

'My name is Duncan Ross,' he said, 'and I am myself one of the beneficiary members of the Association established by our noble benefactor. Are you married, Mr Wilson? Do you have a family?'

With my negative response, Mr Duncan Ross' face lengthened prodigiously.

'Goodness me!' he said, gravely, 'that is extremely unfortunate! I am sorry to hear you say that. The fund was, of course, for the propagation and spread of the red-heads as well as for their maintenance. It is exceedingly regrettable that you be a bachelor.'

It was my turn, Mr Holmes, to adopt a sad expression, in seeing this position slip away from me.

However, after a moment of reflection, the manager assured me that I would be admitted anyway.

— Il serait injuste d'hésiter un instant à vous faire entrer dans l'Association; permettez-moi cependant une précaution qui ne saurait vous blesser, j'espère.

Et, ce disant, il saisit des deux mains une poignée de mes cheveux et tira dessus avec une telle violence qu'il m'arracha un cri de douleur involontaire.

— Vous avez les yeux pleins de larmes, me dit-il, en me lâchant enfin.

Je vois qu'il n'y a aucune supercherie; mais vous comprenez bien que nous sommes tenus aux plus grandes précautions, ayant déjà été trompés deux fois par des perruques et une fois par de la teinture.

Je pourrais vous faire des récits qui vous montreraient notre pauvre humanité sous un jour fâcheux.

À ce moment mon interlocuteur s'approcha de la fenêtre et cria, de toutes ses forces, à la foule, que la place était prise.

Un murmure de désappointement s'ensuivit et chacun rentra chez soi plus ou moins penaud.

Je restai en tête à tête avec l'étrange personnage à la chevelure non moins rousse que la mienne.

— Je m'appelle Duncan Ross, me dit-il, et je suis l'un des membres bénéficiaires de l'Association fondée par notre noble bienfaiteur. — Êtes-vous marié, monsieur Wilson? Avez-vous une famille?

Et sur ma réponse négative, la mine de M. Duncan Ross s'allongea prodigieusement.

— Mon Dieu, dit-il d'un air grave, c'est très fâcheux et je le regrette pour vous, la dotation ayant pour but de perpétuer les têtes rousses et d'en augmenter le nombre. Il est vraiment regrettable que vous soyez célibataire.

— Ce fut à mon tour, monsieur Holmes, de prendre une expression triste en voyant cette situation m'échapper.

Mais, après un instant de réflexion, le gérant m'assura que je serais admis quand même.

'For anyone else,' he said, 'we would perhaps not have granted this honour; but your hair is of such an admirable and uncommon red that we will make an exception for you. Can you take up your duties soon?'

'Well, that is what troubles me, for my business leaves me with little spare time,' I said.

'Oh, do not worry about that, Mr Wilson!' said Vincent Spaulding. 'I shall endeavour to assist you, and fill in when required.'

'What are the hours that would suit you?' I asked.

'I would need you from ten in the morning until two in the afternoon.'

I must inform you, Mr Homes, that a pawnbroker is primarily busy at the end of the day, and in particular on Thursday and Friday, which precede pay day.

I was absolutely delighted to find a lucrative occupation for the morning, and I knew that my fine employee would fill in for me.

'I responded that it was a done deal, and inquired about the pay.'

'One hundred euros a week,' he responded.

'And what is there to do?'

'It is purely nominal.'

'What do you mean by that?'

'Well, what is require above all else is that you do not move from the office, or at least from the building, during the times agreed. With the utmost certainty, one single infringement of this rule will see you lose your position. The will insists on this condition, which all members must promise to fulfil.'

'Four hours pass very quickly. You can count on me,' I said.

'Keep in mind that we will not accept any excuse,' said Mr Duncan Ross, 'be it sickness, business, or anything else. You must remain there, or you lose your post.'

'What work will you be requiring of me?'

— Pour un autre, nous n'aurions peut-être pas consenti à cette faveur, mais vos cheveux sont d'un roux si admirable et si rare que nous ferons pour vous une exception. Pouvez-vous entrer rapidement en fonctions?

— Voilà ce qui m'embarrasse, mon métier me laissant peu de loisirs.

— Oh! ne vous inquiétez pas de cela, monsieur Wilson, s'écria Vincent Spaulding; je me charge de vous seconder et de vous remplacer au besoin.

— Quelles seraient les heures qui vous conviendraient?

— J'aurais besoin de vous de dix heures du matin à deux heures de l'après-midi.

Il faut que vous sachiez, monsieur Holmes, qu'un prêteur sur gages est surtout occupé à la fin de la journée, et en particulier le jeudi et le vendredi qui précèdent les jours de paye.

J'étais donc ravi de trouver pour la matinée une occupation lucrative, et je savais que mon brave employé me suppléerait.

Je répondis que c'était chose entendue et je m'informai des appointements?

— Cent euros par semaine, me fut-il répondu.

— Et qu'y a-t-il à faire?

— Ceci est purement accessoire.

— Qu'entendez-vous par là?

— Eh bien! ce qui est exigé avant tout est que vous ne bougiez pas du bureau, ou tout au moins du bâtiment, pendant le temps convenu; une seule infraction à cette règle vous ferait immanquablement perdre votre situation. Le testament insiste sur cette condition que tout associé doit s'engager à remplir.

— Quatre heures sont bien vite passées; comptez sur moi.

— Rappelez-vous bien que nous n'admettrons aucune excuse, dit M. Duncan Ross, fût-ce maladie, affaires, etc. Il faut rester là, sous peine de perdre la place.

— Quel travail me demanderez-vous?

'You have to copy out the Encyclopædia Britannica. There is the first volume of it in that press. You will have to provide the ink, pens, and blotting-paper. From our side, we provide you with this table and chair. Will you be ready to come tomorrow?'

'Certainly,' I responded.

'Then, goodbye, Mr Jabez Wilson, and let me congratulate you once more on the important position that you have had the good fortune to obtain.'

He bowed to me, and I returned home with my assistant, absolutely bewildered by this remarkable stroke of luck."

"Well, I thought over the matter all day long, and by evening, I no longer had the morning's enthusiasm; for I was obsessed by the idea of a hoax or a fraud; but to what end, I really could not comprehend.

What could be more unlikely than such a will, or that such a generous sum was allocated for doing anything as simple as copying out the Encyclopædia Britannica.

Thus, despite Vincent Spaulding's efforts to raise my spirits, I had well and truly decided, upon going to bed, to relinquish the post.

However, when I awoke, I was tempted to go and see what it was about, and after equipping myself with a small bottle of ink, a quill pen, and seven sheets of foolscap paper, I started off for Pope's Court."

"There, to my great surprise, nothing seemed suspect to me. The table was indeed in place, and Mr Duncan Ross was waiting for me, to ensure that I applied myself seriously to the work.

He had me start with the letter A, and then he left me; returning from time to time, to assure himself that everything was going well.

At two o'clock he said goodbye to me, congratulating me on the speed with which I was writing, and closed the door after me."

"This, Mr Holmes, went on day after day for a week.

On Saturday, the manager came in and laid down one hundred euros as reward for my work. It was the same for the following two weeks.

— Il faut copier l'Encyclopédie britannique. Voici le premier volume sous cette presse. Vous aurez à fournir l'encre, les plumes et le papier buvard; de notre côté, nous vous fournissons cette table et cette chaise. Serez-vous prêt à venir demain?

— Certainement, répondis-je.

— Alors, au revoir! monsieur Jabez Wilson, et permettez-moi de vous féliciter encore de la position importante que vous avez eu le bonheur d'obtenir.

Il s'inclina devant moi, et je rentrai avec mon assistant, la tête absolument perdue par cette bonne aubaine.

J'y réfléchis tout le long du jour, et le soir venu je n'avais déjà plus l'enthousiasme du matin, obsédé que j'étais par l'idée d'une mystification ou d'une fraude, mais dans quel but? voilà ce qui me semblait incompréhensible.

Quoi de plus invraisemblable qu'un pareil testament, ou qu'il fût alloué une aussi forte somme pour un travail aussi simple que de copier l'Encyclopédie britannique.

Donc, malgré ce que put faire Vincent Spaulding pour me remonter, j'étais bien décidé, en me couchant, à renoncer à cette situation.

Toutefois, à mon réveil, je fus tenté d'aller voir de quoi il retournait et après m'être muni d'un petit flacon d'encre, d'une plume et de sept feuilles de papier ministre, je me dirigeai vers Pope's court.

Là, à ma grande surprise, rien ne me parut suspect: la table était bien en place et M. Duncan Ross m'attendait pour voir si je me mettrais sérieusement au travail.

Il me fit commencer par la lettre A et me quitta, revenant de temps à autre s'assurer que tout marchait bien.

À deux heures il me dit au revoir, me félicita sur la rapidité avec laquelle j'écrivais, et ferma la porte derrière moi.

Ceci, monsieur Holmes, se renouvela tous les jours pendant une semaine.

Le samedi, le directeur entra, et étala devant moi cent euros pour prix de mon travail; de même les deux semaines suivantes.

Every morning I arrived at ten o'clock, and left at two o'clock.	Tous les matins j'arrivais au bureau à dix heures et repartais à deux heures.
Little by little, Mr Duncan Ross exercised a less vigilant surveillance over me. He did not come in more than once in the morning, and then not at all.	Peu à peu M. Duncan Ross exerça sur moi une surveillance moins active. Il ne vint plus qu'une fois dans la matinée; puis plus du tout.
As for me, faithful to my orders, I never dared to leave the office, not even for a second, such was my fear of being caught out, and thus lose a position that paid so well."	Quant à moi, fidèle à ma consigne, je n'osais pas quitter le bureau, ne fût-ce qu'une seconde, tant je craignais d'être pris en faute et de perdre ainsi une situation si largement rétribuée.
"Eight weeks passed, and I had successively dealt with Abbots, and Archery, and Armor, and Architecture, and Attics. In short, most of the words starting with 'A' had been copied by me.	Huit semaines s'étaient écoulées, j'avais traité successivement des abbés, du tir à l'arc, des armures, de l'architecture, des attiques; en bref, la plupart des mots commençant par un A avaient été copiés par moi.
I had blackened a certain quantity of papier. I had almost filled a shelf with my papers. I was hoping, by pushing myself a little, to start the letter 'B', when everything suddenly collapsed."	J'avais noirci une certaine quantité de papier, j'avais presque couvert une étagère de mes copies, et j'espérais, en me hâtant un peu, commencer la lettre B lorsque tout s'effondra subitement.
"No? Really?!"	— Non? vraiment.
"Yes, sir. No later than this morning. I went to the office at ten o'clock as usual. I found the door closed, with the little announcement here nailed to the panel. You can read it for yourself."	— Oui, monsieur. Pas plus tard que ce matin; je me suis rendu à dix heures comme d'habitude à mon bureau; j'ai trouvé la porte close avec la petite annonce que voici clouée sur le panneau. Lisez plutôt vous-même.
The man with the red hair produced a piece of cardboard, big like a sheet of writing paper, and on which were drawn the following lines:	L'homme aux cheveux rouges nous exhiba un morceau de carton, grand comme une feuille de papier à lettre, et sur lequel étaient tracées les lignes suivantes:
"The Red-Headed Association is Dissolved. October 9, 1890."	'L'Association des hommes roux est dissoute, 9 octobre 1890.'
The announcement read, Sherlock Holmes and I instinctively gazed at the disheartened face of our interlocutor; and, the comical side of the affair getting the better of all other considerations, we both burst out laughing.	L'annonce lue, nous portâmes instinctivement, Sherlock Holmes et moi, nos regards sur le visage déconfit de notre interlocuteur; et, le côté comique de l'affaire l'emportant sur toute autre considération, nous partîmes tous les deux d'un grand éclat de rire.
"I cannot see anything laughable about this tale," cried our visitor, turning red with rage. "If you only have sarcasms to offer me, I am going elsewhere."	— Je ne vois rien de risible à cette histoire, s'exclama notre visiteur en rougissant de colère; si vous n'avez que des sarcasmes à m'offrir, je vais ailleurs.
"No, no," cried Holmes, forcing him to sit back down on the chair that he had already vacated. "For me, this affair is worth its weight in gold. It is so novel and so original. Still, like me, you will no doubt acknowledge the funny side of the adventure. Now, let's be serious."	— Non, non, s'écria Holmes, en le forçant à se rasseoir sur la chaise qu'il avait déjà quittée. Vrai, cette affaire vaut son pesant d'or pour moi. C'est si neuf et si original! Mais vous conviendrez bien avec moi du côté drôlatique de l'aventure. Maintenant, soyons sérieux.

"What steps did you take when you found this card on the door?"

"I remained stuck to the spot, sir. I did not know what to do. Then I called at the neighbouring offices; I inquired to the right and to the left; no one could give me the slightest piece of information.

Finally, I went to the landlord, who is an accountant, and who resides on the ground floor. I asked him if he knew what had become of the Red-headed Association.

He told me that he had never heard of an association of this kind. Then I spoke to him about Mr Duncan Ross. This name was totally unknown to him."

"'Well,' I said, 'who is the gentleman from Number 4.'

'What, the red-headed man?'

'Yes.'

'Oh,' he said, 'you must mean William Moriss, the solicitor. He was only renting my place until his new premises were ready. He moved out yesterday.'

'Where could I find him?'

'Here is his address: 17, King Edward Street, near St. Paul's.'

"I went there straight away, Mr Holmes, but, on arrival at Mr Morris' premises, I found myself in the presence of a factory that manufactures artificial kneecaps; and no one had ever heard of Mr William Morris nor Mr Duncan Ross."

"And what did you do then?" asked Holmes.

"I went home to Saxe-Coburg Square. I consulted my employee, who could only urge me to be patient, adding that I would probably receive a letter.

You must understand that this was not good enough for me, Mr Holmes. I did not wish to lose such a position without a struggle. So, as I had heard that you were good enough to offer assistance to poor folk who found themselves in a difficult situation, I came directly to your place."

— Quelles démarches avez-vous faites lorsque vous avez trouvé cette carte sur la porte?

— Je suis resté cloué sur place, monsieur. Je ne savais que faire. Puis, j'entrai chez les voisins; je questionnai à droite et à gauche; personne ne put me donner le moindre renseignement.

Enfin j'allai chez le propriétaire de la maison, qui est un comptable, et qui demure au rez-de-chaussée; je lui demandai s'il savait ce qu'était devenue l'Association des hommes roux.

Il me dit n'avoir jamais entendu parler d'une association de ce genre. Alors je lui parlai de M. Duncan Ross. Ce nom lui était totalement inconnu.

Eh bien, lui dis-je, qui est le monsieur du numéro 4?

— Comment, l'homme roux?

— Oui.

— Oh! vous voulez dire William Morris, l'avocat; il n'avait loué chez moi qu'en attendant que son nouveau local fût prêt. Il a déménagé hier.

— Où pourrais-je le trouver?

— Voici son adresse: 17, King Edward street, près Saint-Paul.

— J'y allai tout de suite, monsieur Holmes; mais au lieu de M. Morris, je me trouvai en présence d'une fabrique de rotules artificielles et personne ne connaissait ni M. William Morris, ni M. Duncan Ross.

— Qu'avez-vous fait alors? demanda Holmes.

— Je suis rentré chez moi à Saxe-Coburg square, et j'ai consulté mon employé qui n'a su que m'exhorter à la patience en ajoutant que probablement je recevrais une lettre.

Vous comprenez que ce n'était pas suffisant pour moi, monsieur Holmes; je ne voulais pas perdre une situation semblable sans me démener; et comme j'avais entendu dire que vous vouliez bien prêter votre concours aux pauvres malheureux qui se trouvent dans une situation difficile, je suis venu tout droit chez vous.

"And you did done well," said Holmes. "Your case is extremely interesting. I will be happy to endeavour to clear the matter up. From your account, I am thinking that all this is more serious and graver than what one might believe at first sight."

"Serious enough!" muttered Mr Jabez Wilson. "Think about it: losing forty pound a week!"

"As far as you are personally concerned," remarked Holmes, "I do not see that you have any grievance against this extraordinary association.

On the contrary, you are some three hundred pounds richer, to say nothing of the knowledge that you were able to acquire on the words starting with the letter 'A'. You have therefore lost nothing."

"Undoubtedly, sir; but I would like to find out who these people are, and what their goal was in playing this prank on me — if it was indeed a prank. In any case, it has cost them three hundred and twenty pounds."

"We are going to try to clear the matter up for you. And first, allow me to ask you one or two questions, Mr Wilson.

It was your employee who first drew your attention to the advertisement, was it not? How long had he been with you?"

"About a month."

"How did you find him?"

"He responded to an advertisement that I had put in the newspaper."

"Was he the only person who applied?"

"No, I had a dozen of them."

"Why did you chose him rather than someone else?"

"Because he was close at hand, and he had modest expectations about salary."

"He has, in short, accepted half the usual wage?"

"Yes."

"Could you describe this Vincent Spaulding to me?"

— Et vous avez bien fait, répondit Holmes; votre affaire est extrêmement intéressante; je serai heureux de chercher à l'éclaircir. D'après votre récit, je me figure que tout cela est plus sérieux et plus grave qu'on ne le croirait à première vue.

— Sérieux, en effet, murmura M. Jabez Wilson; pensez donc: perdre quarante livres par semaine!

— Pour votre part, remarqua Holmes, je ne vois pas que vous ayez à vous plaindre de cette extraordinaire association.

Vous êtes, au contraire, environ trois cents livres plus riche, sans compter les connaissances que vous avez pu acquérir sur les mots commençant par la lettre A. Vous n'avez donc rien perdu.

— Assurément, monsieur, mais je voudrais découvrir ce que sont ces gens et quel était leur but en me jouant cette farce, si farce il y a. En tout cas cela leur a coûté trois cent vingt livres.

— Nous allons essayer d'éclaircir l'affaire pour vous. Et d'abord permettez-moi de vous faire deux ou trois questions, monsieur Wilson.

C'était votre employé qui le premier a attiré votre attention sur l'annonce, n'était-ce pas? Depuis combien de temps était-il à votre service?

— Depuis environ un mois.

— Comment l'avez-vous trouvé?

— Il avait répondu à une annonce que j'avais insérée dans le journal.

— Était-il le seul qui soit venu se présenter?

— Non, j'en ai eu une douzaine.

— Pourquoi l'avez-vous choisi de préférence à un autre?

— Parce que je l'avais sous la main et qu'il avait des prétentions modestes.

— Il a, en somme, accepté la moitié des gages ordinaires?

— Oui.

— Voulez-vous me décrire ce Vincent Spaulding?

"He is small, stout, and very quick in his movements, has no hair on his face, although he must be around thirty years of age. He has a scar on his forehead, the result of a burn made with an acid."

Holmes, becoming very excited, sat up straight in his chair.

"It is what I was thinking," he said. "Have you ever observed that his ears are pierced, like for wearing earrings?"

"Actually yes, sir. He told me that a gypsy had done it for him when he was a lad."

"Hum!" said Holmes, spreading out in his chair again, and sinking back in deep thought. "Is he still with you?"

"Oh, certainly sir; I have only just left him."

"And has he taken care of your business in your absence?"

"I have nothing to complain of, sir. There are very few clients in the morning anyhow."

"That will do, Mr Wilson. I will be happy to give you my opinion on all this in a day or two. Today is Saturday, and I hope that by Monday, we will have an answer."

"Well then, Watson," said Holmes, when our visitor had left us, "what do you make of it all?"

"I make nothing of it," I answered, frankly. "It is a most mysterious business."

"You must recall," said Holmes, "that as a rule, the more bizarre a thing is the less mysterious it proves to be. It is your commonplace, featureless crimes that are really puzzling, just as a commonplace face is more difficult to identify than another. But I must be prompt in bringing a conclusion to this matter."

"What is your plan?" I asked.

"To smoke, first of all" he answered. "It will undoubtedly require three pipes to resolve this problem, and I must ask you not to speak to me for fifty minutes."

— Il est petit, fort, très vif dans ses mouvements, et n'a pas de barbe quoiqu'il ait tout près de trente ans. Il a sur le front une cicatrice provenant d'une brûlure faite avec un acide.

Holmes, très agité, se redressa sur son siège:

— C'est ce que je pensais, dit-il. Avez-vous jamais remarqué que ses oreilles fussent percées comme pour porter des boucles d'oreilles?

— Précisément, monsieur. Il m'a dit qu'une bohémienne les lui avait percées lorsqu'il était gamin.

— Hum! dit Holmes, en s'étalant de nouveau, et en retombant dans ses réflexions. Est-il encore chez vous?

— Oh! certainement monsieur, je viens de le quitter.

— S'est-il occupé de vos affaires en votre absence?

— Je n'ai rien à lui reprocher, monsieur; il y a du reste peu de clients dans la matinée.

— C'est bien, monsieur Wilson, je serai heureux de vous donner mon avis sur tout cela dans un ou deux jours; nous sommes samedi aujourd'hui; j'espère que vers lundi nous aurons une solution.

— Eh bien! Watson, dit Holmes, lorsque notre visiteur nous eut quittés, qu'en pensez-vous?

— Je n'y comprends rien, répondis-je avec sincérité. C'est une affaire des plus mystérieuses.

— Souvenez-vous, dit Holmes, que, règle générale, plus une chose est bizarre, moins elle est mystérieuse. Ce sont les crimes communs, sans traits distinctifs, qui sont vraiment énigmatiques; de même un visage vulgaire est plus difficile à identifier qu'un autre. Mais il faut que je me hâte d'en finir avec cette affaire.

— Quel est votre plan? demandai-je.

— De fumer d'abord, répondit-il; il me faut bien trois pipes pour résoudre ce problème, et je vous demande de ne pas me parler pendant cinquante minutes.

That said, Holmes curled up in his chair, drawing his bony knees up to his hawk-like nose. He remained this way for a long time, with his eyes closed and his black clay pipe in his mouth. In looking at him like this, it seemed as if he was one of those strange birds with a long curved beak.

I had come to the conclusion that he had dropped off to sleep, and indeed was nodding myself, when he sprang out of his chair like a man who had suddenly made up his mind, and put his pipe down upon the mantelpiece.

"Sarasate plays at the St. James's Hall this afternoon," he remarked. "Do you think, Watson, that your patients can do without you for a few hours?"

"I have nothing to do today. You know that my duties are never very absorbing."

"Then grab your hat and come. I am going through the City first. We can stop for lunch on the way.

I observe that there is a good deal of German music on the programme. You know how I prefer it to Italian or French music, and my current mood makes it particularly agreeable today. Come!"

Several minutes later, the Underground was taking us to Aldersgate, and from there, we had not more than a short walk to Saxe-Coburg Square, the scene of the singular adventure that had been narrated to us in the morning.

It was a seedy and poky place that looked destitute and pretentious at the same time. Two-story brick houses overlooked it.

Each of them was preceded by a strip of land defended by railings, in which a meagre grass and a few beds of laurel bushes were languishing painfully in an atmosphere fouled by a thick black smoke.

Three gold-plated balls, and a brown sign with 'Jabez Wilson' standing out in white letters against the background, indicated to us that the house on the corner was indeed the one where our red-haired client's office was located.

Sur ce, Holmes se pelotonna sur sa chaise, en remontant ses genoux étiques jusqu'à son nez d'aigle, et demeura ainsi longtemps, les yeux fermés, sa pipe de terre noire à la bouche; on eût dit, en le regardant ainsi, un de ces étranges oiseaux avec un long bec recourbé.

J'en étais arrivé à croire qu'il dormait et je commençais à m'assoupir moi-même, lorsque subitement il bondit de sur sa chaise, comme un homme qui a soudainement pris une résolution et déposa sa pipe sur la cheminée.

— Sarasate joue à Saint-James' hall cet après-midi, dit-il. Pensez-vous, Watson, que vos clients puissent se passer de vous quelques heures?

— Je n'ai rien à faire aujourd'hui; vous savez que mes fonctions ne sont jamais très absorbantes.

— Alors prenez votre chapeau et venez. Je traverserai d'abord la City. Nous pouvons nous arrêter en route pour le déjeuner.

Le programme du concert nous annonce beaucoup de musique allemande; vous savez combien je la préfère à la musique italienne ou française, et elle conviendra aujourd'hui tout particulièrement à mon état d'âme. Venez.

Quelques minutes plus tard, le métro nous amenait à Aldersgate, d'où nous n'avions plus qu'un court trajet jusqu'à Saxe-Coburg square, théâtre de la singulière aventure qui nous avait été contée le matin.

C'était un endroit malsain, resserré, d'aspect misérable et prétentieux à la fois, sur lequel prenaient jour des maisons en briques à deux étages.

Chacune d'elles était précédée d'une bande de terrain défendue par une grille, et où un maigre gazon et quelques massifs de lauriers végétaient péniblement dans une atmosphère viciée par une épaisse fumée noire.

Trois boules dorées et une enseigne brune avec 'Jabez Wilson' se détachant en lettres blanches sur le fond, nous indiquèrent que la maison du coin était bien celle où se trouvait le bureau de notre client à cheveux roux.

Sherlock Holmes stopped in front of the store and examined it, nodding his head all the while. One might have said that the piercing eyes that glowed under those blinking eyelids were trying to penetrate the walls.

My friend advanced slowly, and then retraced his steps until the street corner, all the while regarding the houses with the greatest attention.

Finally he returned to the pawnbroker's, struck the pavement vigorously two or three times with his cane, and then knocked on the door to the office.

A bright-looking, clean-shaven young fellow opened it, and invited him to enter.

"Thank you," said Holmes, "I was only wanting to ask you the shortest way from here to the Strand."

"Take the third street on the right, and the fourth on the left," answered the employee promptly, closing the door.

"He is a smart one, that fellow," observed Holmes, on the way. "I only know three of them in London capable of outwitting him. Furthermore, for the audacity, I would easily give him third place in this quartet. I have heard something of him before."

"Evidently," I said, "Mr Wilson's assistant has an important role in this mystery of the Red-headed Association. I bet that you inquired your way merely in order that you might see him."

"Not him."

"What then?"

"The knees of his trousers."

"And what did you see?"

"What I was expecting to see there."

"And why did you strike the pavement with your cane?"

"My dear Doctor, this is a time for observation, not for talk. We are spies in enemy country. We know a little about Saxe-Coburg Square. Let us now explore the parts that lie behind this square."

Sherlock Holmes s'arrêta devant la boutique et l'examina tout en hochant la tête: on aurait dit que l'œil perçant qui brillait sous ses paupières clignotantes cherchait à traverser les murs.

Mon ami s'avança lentement puis revint sur ses pas jusqu'au coin de la rue en regardant toujours les maisons avec la plus grande attention.

Enfin, il retourna chez le prêteur, donna deux ou trois vigoureux coups de canne sur le pavé, et frappa à la porte du bureau.

Un jeune homme bien rasé, à la physionomie intelligente, vint lui ouvrir et l'invita à entrer.

— Merci, dit Holmes, je voulais seulement vous demander quel est le plus court chemin d'ici au Strand.

— Prenez la troisième rue à droite et la quatrième à gauche, répondit l'employé brièvement, tout en refermant la porte.

— C'est un malin, ce garçon-là, me dit Holmes chemin faisant. Je n'en connais que trois à Londres capables de lui damer le pion et encore, pour l'audace, lui assignerais-je facilement la troisième place dans ce quatuor. J'ai déjà entendu parler de lui.

— Évidemment, répondis-je, l'employé de M. Wilson a le rôle important dans ce mystère de l'Association des hommes roux. Je parie que vous ne lui avez demandé votre chemin qu'afin de le voir.

— Pas lui.

— Quoi alors?

— Les genoux de son pantalon.

— Et qu'avez-vous vu?

— Ce que je m'attendais à y voir.

— Et pourquoi avez-vous frappé le pavé avec votre canne?

— Mon cher docteur, c'est le moment d'observer et non de parler. Nous sommes des espions en pays ennemi. Nous savons un peu sur Saxe-Coburg square. Explorons maintenant la partie qui est située derrière cette place.

The road in which we found ourselves upon leaving the ill-frequented Saxe-Coburg Square presented as great a contrast to it as the back of a painting does to the front. It was one of the main arteries of the city; one of those that conveys dense traffic from the north to the west.	La rue dans laquelle nous nous trouvâmes en quittant le square si peu fréquenté de Saxe-Coburg peut se comparer à ce qu'est l'envers d'une toile par rapport à l'endroit; c'est une des artères principales de la Cité, une de celles qui se dirigent du nord à l'ouest et qui a le plus de trafic.
The roadway was blocked, as if all the commerce of the city had come to engulf it in a double tide inwards and outwards, while the footpaths were a swarm of pedestrians. It seemed absolutely impossible that the lavish stores and large commercial agencies that lined this street also abutted the wretched and ill-frequented square that we had just left.	La voie était obstruée comme si tout le commerce de la ville était venu s'y engouffrer en un double courant montant et descendant, tandis que les trottoirs étaient une fourmilière de piétons; il semblait absolument impossible que les somptueux magasins et les grandes agences commerciales qui s'étalent dans cette rue eussent aussi accès sur le square si misérable et si peu fréquenté que nous venions de quitter.
"Let's see," said Holmes, standing at the corner, and glancing along the row of houses, "I need to remember the order in which they are placed.	— Voyons, dit Holmes en s'arrêtant au coin et en suivant des yeux la rangée de maisons; il faut que je me rappelle l'ordre dans lequel elles sont placées.
You know my old habit of always seeking to know London thoroughly.	Vous connaissez ma vieille manie de toujours chercher à connaître Londres à fond.
There is Mortimer's, the tobacconist, the little newspaper shop, the Coburg branch of the City and Suburban Bank, the Vegetarian Restaurant, and McFarlane's depot for buildings carriages. That brings us up to the other block of houses.	Voici d'abord Mortimer, le marchand de tabac, puis le petit magasin de journaux, la succursale pour le quartier de Coburg de la Banque suburbaine et de la Cité, le restaurant des Végétariens et le dépôt de Mac Farlane pour la construction des voitures: ceci nous mène jusqu'à l'autre pâté de maisons.
That is enough for now, Doctor, we have done fine work. Let's indulge in a little entertainment.	Cela suffit pour l'instant, docteur; nous avons bien travaillé; prenons un peu de distraction.
A sandwich and a cup of coffee, and then off to the world of dilettantism, where everything is sweet, delicate, and harmonious, and where we will not find any red-headed clients to vex us with their conundrums."	Un sandwich, une tasse de café et puis en route pour le monde du dilettantisme où tout est suave, délicat, harmonieux, et où nous ne trouverons pas de client à cheveux roux qui nous ennuie de ses énigmes.
My friend Sherlock Holmes was not only an enthusiastic musician, but also a capable performer and a distinguished composer.	Mon ami Sherlock Holmes n'était pas seulement un musicien enthousiaste, mais aussi un habile exécutant et un compositeur émérite.
He spent the entire afternoon in his box, softly beating his long, thin fingers in time to the music, and enjoying the most perfect happiness.	Il passa tout l'après-midi dans sa stalle, battant doucement la mesure de ses doigts longs et effilés et jouissant du bonheur le plus complet.
His face was glowing and his eyes became languid and dreamy. Nothing remained of Holmes the fine sleuth, of Holmes the implacable criminal agent, whose keen and sharp wit was placed at the forefront of policing.	Son visage rayonnait et ses yeux devenaient langoureux et rêveurs; il ne restait plus rien de Holmes le fin limier, de Holmes l'implacable agent criminel que son esprit vif et perçant plaçait au premier rang parmi les policiers.
The dual nature of this singular character asserted itself in turns.	La dualité de nature de ce singulier personnage s'affirmait tour à tour.

In my view, the extreme meticulousness of Holmes, as well as his astuteness, were nothing more than a reaction to the poetic and contemplative mood that tended to dominate him. Still, owing to the elasticity of his nature, he could quickly pass from a state of extreme apathy to one of devouring energy.	À mon avis, l'extrême exactitude de Holmes et son astuce n'étaient que la réaction contre cet état d'âme poétique et contemplatif qui tendait à le dominer; mais, grâce à l'élasticité de sa nature, il passait rapidement d'une langueur extrême à une énergie dévorante.
I had noticed that he was never more formidable than when he had remained for several days lounging in his armchair, amid his improvisations and his Gothic editions.	J'avais remarqué qu'il n'était jamais plus vraiment redoutable que lorsqu'il était resté plusieurs jours étendu dans son fauteuil, au milieu de ses improvisations et de ses éditions gothiques.
Suddenly, the lust of the chase would seize him, and, such was his subsequent power of reasoning that the public, ignorant of his method, took for intuitions what was nothing more than simple deductions, and wondered where this man could have obtained a knowledge so far beyond that of his fellow human beings.	Tout à coup la passion de la chasse le saisissait, et, telle était alors la puissance de son raisonnement que le public ignorant de sa méthode prenait pour des intuitions ce qui n'était que de simples déductions, se demandant où cet homme avait pu puiser une science si supérieure à celle de ses semblables.
In seeing him this afternoon, so absorbed in the music at St. Jame's Hall, I foresaw that the folk that he was going to track down would have a hard time.	En le voyant, cet après-midi, absorbé par la musique à Saint-James' Hall, je prévoyais que les gens qu'il allait traquer passeraient un mauvais quart d'heure.
"You want to go home, Doctor," he remarked, as we emerged from the concert.	— Rentrez-vous, docteur? me dit-il, en sortant du concert.
"Yes, I have nothing better to do."	— Oui, je n'ai rien de mieux à faire.
"As for me, I am going to be deeply occupied for some hours: this business at Coburg Square is very serious."	— Quant à moi, je vais être fort occupé pendant quelques heures; cette affaire de Coburg square est très grave.
"Why very serious?"	— Pourquoi très grave?
"Because we are in the presence of an attack in preparation. I have every reason to believe that we will be in time to prevent it. But we need to hurry, all the more so because today is Saturday. Can I count on your help tonight?"	— Parce que nous sommes en présence d'un attentat qui se prépare; j'ai tout lieu de croire que nous arriverons à temps pour l'empêcher; mais il faut nous hâter d'autant plus que c'est aujourd'hui samedi; puis-je compter sur votre concours ce soir?
"At what time?"	— À quelle heure?
"At ten o'clock."	— À dix heures!
"Perfect; I will be at your place at that hour."	— Parfait; je serai chez vous à cette heure-là.
"Only Doctor, please ensure that you bring your revolver. We may run into some danger."	— Ayez soin, seulement, docteur, de vous munir de votre revolver; nous courrons peut-être quelque danger.
Sherlock Holmes waved goodbye to me, turned on his heel, and promptly disappeared into the crowd.	Sherlock Holmes me fit un signe d'adieu de la main, tourna sur ses talons et disparut aussitôt dans la foule.

I do not believe that I am more stupid than anyone else, but I always feel overwhelmed by a feeling of my inferiority when I am in the presence of Sherlock Holmes.

In the affair that I recount here, I had heard what he had heard; I had seen what he had seen; and yet he was clearly seeing not only what had happened, but also what was about to happen, while for me the whole business was confused and ridiculous.

As I drove home to my house in Kensington, I went back over the chronicle of this adventure, from the extraordinary story of the copier of the Encyclopædia up until our walk in the district around Saxe-Coburg Square, and the ominous words — upon which Sherlock Holmes had left me — returning to my memory. What was this nocturnal expedition, and why should I furnish myself with arms?

What was our appointment? What was our objective?

Holmes had indeed indicated to me that this employee with a hypocritical character was a dangerous man, a man capable of dealing a blow. Yet, in vain I tried to understand; and, in the face of this lack of success, I sought to escape from this thought, while waiting for our evening promenade to bring me an explanation.

It was a quarter past nine when I left home to make my way — across the park and Oxford Street — towards Baker Street.

I saw two hansoms at Sherlock Holmes' door, and, as I entered the corridor, I heard several voices distinctly.

True enough, I found Holmes in highly animated conversation with two men, one of whom, Peter Jones, was the official police agent, while the other fellow — a thin man with a sinister face, wearing a shabby overcoat and clutching a shiny hat — was totally unknown to me.

"Ha! We are all here," said Holmes, buttoning up his jacket, and taking his heavy hunting bag from the rack.

"Watson, I believe you know Mr Jones, from Scotland Yard? Let me introduce you to Mr Merryweather, who is to be our companion in tonight's expedition."

Je ne me crois pas plus bête qu'un autre, et cependant je me sens toujours écrasé par le sentiment de mon infériorité lorsque je suis en présence de Sherlock Holmes.

Dans l'affaire que je raconte ici j'avais entendu ce qu'il avait entendu; j'avais vu ce qu'il avait vu; et cependant il voyait clairement non seulement ce qui était arrivé, mais ce qui devait arriver, là où pour moi tout était confus et ridicule.

En rentrant chez moi à Kensington, je me refaisais l'historique de cette aventure, depuis l'étrange récit du copiste de l'Encyclopédie, jusqu'à notre promenade dans le quartier de Saxe-Coburg square; les mots sinistres, sur lesquels Sherlock Holmes m'avait quitté, me revenaient en mémoire; que devait être cette expédition nocturne, et pourquoi me munir d'armes?

Quel était notre rendez-vous? notre but?

Holmes m'avait bien donné à entendre que cet employé à figure pateline était un homme dangereux, un homme capable de faire un coup, mais... en vain essayais-je de comprendre; et, devant cet insuccès, je cherchai à me soustraire à cette pensée, en attendant que notre promenade nocturne m'apportât une explication.

Il était neuf heures et quart lorsque je sortis de chez moi pour m'acheminer, à travers le parc et Oxford street, vers Baker street.

Je vis deux hansoms à la porte de Sherlock Holmes, et lorsque je pénétrai dans le corridor, j'entendis distinctement plusieurs voix.

Je trouvai effectivement Holmes en conversation très animée avec deux hommes, dont l'un, Peter Jones, était l'agent de police officiel, tandis que l'autre, un individu long, maigre, à la figure patibulaire, revêtu d'une redingote râpée et tenant à la main un chapeau luisant, m'était totalement inconnu.

— Ah! nous voici au complet, dit Holmes, en boutonnant sa veste et en décrochant du porte-manteau sa lourde sacoche de chasse.

Watson, vous connaissez, je crois, M. Jones, de Scotland Yard? Permettez-moi de vous présenter à M. Merryweather, qui va être notre compagnon dans l'expédition de cette nuit.

"As you see, Doctor, once again, we are hunting in pairs," said Jones. "Our friend here is a wonderful man for starting a chase, but he then needs a good hunting dog."

"I hope that all this is not about a duck," observed Mr Merryweather, gloomily.

"Have confidence in Mr Holmes, sir," said the police agent, in a pompous tone. "He has his own methods; a little too theoretical and fantastic, but he has the makings of a detective in him. I must add that one or two times even, as in the business of the Sholto murder and the Agra treasure for example, he has been closer to the truth than the police."

"Oh, I take your word for it, Mr Jones!" said the stranger, with deference. "Still, I am missing my Saturday game of whist, and this will be the first time in twenty-seven years."

"I believe," said Sherlock Holmes, "that you will play for a higher stake tonight than you have ever done yet, and that the play will be more exciting. For you, Mr Merryweather, the stake will be some thirty thousand pounds; and for you, Jones, it will be the arrest of the man whom you are seeking."

"John Clay, the murderer, thief, the swindler, and the forger," continued Jones. "He is a young man, Mr Merryweather, but he knows his trade well.

If I had the choice between several criminals, it is without doubt on him that I would first put the handcuffs.

He is really a remarkable man, this young John Clay. His grandfather was a genuine Duke, and he himself has been educated at Eton and Oxford.

His is as cunning as he is skilful with his fingers, and though we were seeing signs of his passage at every turn, we never managed to catch hold of him. He will destroy a childcare centre in Scotland, and one week later, he will be opening an orphanage in Cornwall.

I have been on his track for years. I have never managed to see him."

— Comme vous le voyez, docteur, une fois encore, nous chassons par deux, dit Jones. Notre ami, ici présent, est merveilleux pour lancer une poursuite; mais il lui faut ensuite un bon chien de chasse.

— J'espère que tout cela n'est pas au sujet d'un canard, observa M. Merryweather tristement.

— Ayez confiance en M. Holmes, dit l'agent de police, d'un ton pompeux; il a ses propres méthodes; un peu trop théorique et fantastique à mon avis, mais il y a bien en lui l'étoffe d'un détective. Je dois ajouter qu'une ou deux fois même, dans l'affaire du crime de Sholto, et du trésor d'Agra, par exemple, il était plus près de la vérité que la police.

— Oh! je vous crois sur parole pour ça, monsieur Jones, dit l'étranger avec déférence; mais je manque mon whist du samedi, et ce sera la première fois depuis vingt-sept ans.

— Je crois, dit Sherlock Holmes, que vous jouerez plus gros jeu que jamais ce soir et que ce sera fort excitant, car pour vous, monsieur Merryweather, l'enjeu sera de quelque trente mille livres, et, pour vous, Jones, ce sera l'arrestation de l'homme que vous cherchez.

— John Clay, l'assassin, le voleur, l'escroc, le faussaire, continua M. Jones. Il est jeune, monsieur Merryweather, mais il connaît bien son métier.

Si j'avais le choix entre plusieurs criminels, c'est bien à lui que je mettrais d'abord les menottes.

C'est un homme vraiment remarquable, ce jeune Clay; son grand-père était un duc authentique et lui-même a été éduqué à Eton et à Oxford.

Il est aussi malin qu'habile de ses doigts, et, quoique nous voyions partout des traces de son passage, nous n'arrivons jamais à le saisir: un jour, il détruira une crèche en Écosse, et huit jours après, il ouvrira un orphelinat en Cornouailles.

Je suis sur sa piste depuis plusieurs années; je n'ai encore jamais réussi à le voir.

"I hope that I will have the pleasure of introducing you to him tonight. I have had dealings with Mr John Clay, and I agree with you on the point that he is extremely knowledgeable about his profession.	— J'espère que j'aurai le plaisir de vous présenter à lui ce soir. J'ai eu des interactions avec M. John Clay, et je suis d'accord avec vous sur ce point qu'il est parfaitement au courant de son métier.
However, it is after ten o'clock. Let's depart! It is high time we did. If the two of you will get into the first hansom, Watson and I will follow you in the second."	Mais il est dix heures passées; partons, il en est grand temps. Montez tous les deux dans le premier hansom; Watson et moi nous vous suivrons dans le second.
Sherlock Holmes was not very communicative during the long drive, and stretched out at the back of the cab, humming the tunes that he had heard in the afternoon. We rattled through an endless labyrinth of gas-lit streets until we came out on Farringdon Street.	Sherlock Holmes ne fut pas très communicatif pendant la longue course; il s'étendit au fond de la voiture, en fredonnant les airs qu'il avait entendus dans l'après-midi. Nous traversâmes un labyrinthe sans fin de rues éclairées au gaz, jusqu'au moment où nous débouchâmes dans Farringdon street.
"We have almost arrived," Holmes remarked. "This fellow Merryweather is the director of a bank, and is personally interested in this matter.	— Nous sommes presque arrivés, dit Holmes. Ce Merryweather est le directeur d'une banque et il est personnellement intéressé à cette affaire.
I thought it preferable to enlist this brave fellow Jones, despite him being an absolute imbecile in the conduct of his profession.	J'ai pensé qu'il était préférable de nous adjoindre ce brave Jones, quoiqu'il soit parfaitement idiot dans l'exercice de sa profession.
One cannot deny him certain qualities. He has the courage of a bulldog; and he has the tenacity of a lobster when he seizes a victim between his claws. Well here we are, and the others are already waiting for us."	On ne peut cependant lui refuser certaines qualités; il a la bravoure du bouledogue et la ténacité du homard quand il saisit une victime entre ses pinces. Mais nous voici arrivés et les autres nous attendent déjà.
The vehicles had stopped before the same major road that we had explored during the day, when it was so crowded with passersby.	Nos voitures s'étaient arrêtées devant la même rue principale que nous avions exploré dans la journée, alors qu'il était si encombré de passants.
We dismissed our hansom cabs and followed Mr Merryweather down a small passage that ended with a service door, which he opened for us.	Nous congédiâmes nos fiacres et nous suivîmes M. Merryweather dans un petit couloir terminé par une porte de service qu'il nous ouvrit.
This door opened into a narrow corridor, which gave access to a flight of winding stone steps, at the bottom of which was a formidable iron gate.	Cette porte donnait sur un étroit corridor, lequel donnait accès à un escalier de pierre tournant, au bas duquel se trouvait une formidable grille de fer.
There, Mr Merryweather stopped to light a lantern, in the light of which we stepped into a dark passage, steeped in humidity, and at the end of which was a third door.	Là, M. Merryweather s'arrêta pour allumer une lanterne à la lueur de laquelle nous nous engageâmes dans un couloir sombre, imprégné d'humidité, au bout duquel se trouvait une troisième porte.
This was the entrance to a huge cellar or vault, which was lined all round with massive iron crates.	C'était l'entrée d'une grande cave ou voûte, entièrement tapissée de massives caisses de fer.
"There is nothing to fear from the walls of the vault," Holmes remarked, after having examined the cellar.	— Il n'y a rien à craindre des murs de la voûte, dit Holmes, après avoir examiné la cave.

"Nor from this," replied Mr Merryweather, striking the floor with his cane. "Oh my gosh! It sounds quite hollow!" he cried out, quite stupefied.	— Ni de celui-ci, répondit M. Merryweather, en frappant le sol avec sa canne. Ça alors! Cela sonne creux, s'écria-t-il stupéfait.
"I must really ask you to be a little more quiet," said Holmes, severely. "You have already compromised the success of our expedition. Would you please sit down upon one of those boxes, and not concern yourself with anything."	— Plus de calme, je vous en prie, dit Holmes sévèrement; voilà que vous avez déjà compromis le succès de notre expédition. Veuillez vous asseoir sur une de ces caisses et ne vous occuper de rien.
The solemn Mr Merryweather took on a hurt look, and perched himself upon a crate; while Holmes fell to his knees, and, with the aid of his lantern and a magnifying glass, examined the cracks between the stones thoroughly.	Le solennel M. Merryweather prit un air blessé et se percha sur une caisse, tandis que Holmes tombait à genoux et, à l'aide de sa lanterne et d'une loupe, examinait minutieusement les interstices des pierres.
After a few moments, he suddenly got up and put his magnifying glass in his pocket.	Après quelques instants, il se relevait brusquement et mettant sa loupe dans sa poche:
"We have at least an hour before us," he remarked, "for they cannot do anything until the good moneylender is fast asleep.	Nous avons au moins une heure devant nous, dit-il, car ils ne peuvent rien faire avant que le brave usurier ne soit bien endormi.
Then, they will not lose a minute, for the sooner they have finished, the greater chance they will have of escaping.	Ensuite, ils ne perdront pas une minute, car plus tôt ils auront fini et plus ils auront de chances de s'échapper.
You have, I think, worked out, Doctor, that we are in the cellar of one of the principal London banks. Mr Merryweather is the chairman of the board of directors, and he will explain to you the reasons why the most daring criminals of the capital are particularly interested in this cellar."	Vous avez, je pense, deviné, docteur, que nous sommes dans la cave d'une des principales banques de Londres; M. Merryweather est le président du conseil d'administration, et il vous expliquera les raisons pour lesquelles les plus hardis criminels de la capitale s'intéressent tout particulièrement à cette cave.
"It is our French gold," whispered the director. "We have already been warned several times that preparations were being made to get hold of it."	— C'est notre or français, murmura le directeur; nous avons déjà été plusieurs fois prévenus des tentatives qui se préparaient dans le but de s'en emparer.
"Your French gold?"	— Votre or français?
"Yes. A few months ago, we had reason to increase our reserves, and borrowed, for this purpose, thirty thousand napoleons from the Bank of France.	— Oui. Il y a quelques mois, nous avons eu la nécessité d'augmenter nos réserves, et nous avons emprunté à cet effet trente mille napoléons à la Banque de France.
It became known that we had not yet used the gold, and that it was still in our cellars.	On a su que nous ne nous étions pas encore servis de cet or et qu'il était encore dans nos caves.
The crate upon which I sit contains two thousand napoleons packed between layers of lead foil.	La caisse sur laquelle je suis assis contient deux mille napoléons emballés entre les couches de feuille de plomb.
At the present time, our reserve of bullion is much larger than usual, and the directors have been concerned about it."	En ce moment, notre réserve de lingots est beaucoup plus grande que d'habitude, et les directeurs en ont été préoccupés.

"Their concern was well justified," remarked Holmes. "And now, let's think about putting our plan into practice. I expect that in an hour or so, the hostilities will commence. In the meantime, Mr Merryweather, it is essential that we cover that lantern."

"And that we be left in the dark?"

"I am afraid that it is necessary. I had brought a pack of cards in my pocket, thinking that we could play whist.

But I see that the enemy's preparations are such that we cannot take that risk.

We also need to choose our positions, for we are dealing with men capable of anything, and though we have the advantage over them, they may do us some harm if we do not take our precautions.

As for me, I am going to conceal myself behind this crate, and you behind those.

Then, when I shine the light on them, surround them promptly.

If they fire on us, Watson, fire also, without the slightest hesitation."

I placed my loaded revolver on the top of the wooden crate behind which I crouched.

Holmes concealed his lantern, and left us in utter darkness — such a darkness as I had never experienced before, and which would have given me a feeling of unease, if a vague odour of heated metal had not come to remind us that we had a lantern ready to shed light on us.

My nerves were extremely taut, and I was, despite myself, overwhelmed by the darkness and the cold, humid air of this vault.

"There is only one way they can escape from us," whispered Holmes. "That is, back through the house that overlooks Saxe-Coburg Square. Have you done what I asked of you, Jones?"

"I have an inspector and two officers on guard at the front door."

"Then we have blocked all the exits. And now, not a word more."

The wait seemed indefinite to us! It seemed as if dawn should begin to break, while according to the calculations that we did later, this situation must not have gone on beyond an hour and a quarter.

— Leur inquiétude était bien justifiée, remarqua Holmes. Et maintenant songeons à faire notre plan. J'espère que dans une heure environ les hostilités commenceront; en attendant, il faut, monsieur Merryweather, que nous voilions cette lanterne.

— Et que nous restions dans l'obscurité?

— Je crains que cela soit nécessaire. J'avais bien apporté un paquet de cartes dans ma poche, pensant que nous pourrions jouer au whist.

Mais les préparatifs de l'ennemi sont tels que nous ne pouvons pas prendre ce risque.

Il faut même choisir nos positions, car nous avons affaire à des hommes capables de tout et, quoique nous ayons l'avantage sur eux, ils peuvent nous faire du mal si nous ne prenons pas nos précautions.

Moi, je vais me dissimuler derrière cette caisse et vous derrière celui-là.

Puis, lorsque je dirige la lumière sur eux, entourez-les promptement.

S'ils tirent sur nous, Watson, tirez aussi, sans la moindre hésitation.

Je plaçai mon revolver chargé sur la caisse en bois derrière laquelle j'étais accroupi.

Holmes cacha sa lanterne, et nous laissa dans l'obscurité la plus complète, une obscurité que je ne connaissais pas encore et qui m'aurait donné un sentiment de malaise, si une vague odeur de métal chauffé n'était venue nous rappeler que nous avions là une lanterne prête à nous éclairer.

J'avais les nerfs extrêmement tendus et j'étais, malgré moi, impressionné par les ténèbres et l'air froid et humide de ce caveau.

— Ils ne peuvent nous échapper que par un seul côté, murmura Holmes, par la maison qui donne sur Saxe-Coburg square. Avez-vous fait ce que je vous ai demandé, Jones?

— J'ai un inspecteur et deux officiers en faction à la porte d'entrée.

— Alors nous avons bouché toutes les issues, et maintenant pas un mot de plus.

L'attente nous parut indéfinie. Il nous semblait que l'aurore devait commencer à poindre, tandis que d'après les calculs que nous fîmes plus tard, cette situation n'ait pas dû se prolonger au-delà d'une heure et quart.

My limbs were becoming increasingly stiff and numb, so much did I fear making the slightest movement. My nerves were overexcited, and my hearing so strained that, not only could I hear the quite breathing of my companions, but I could also distinguish the somewhat noisy breathing of the bulky Jones from the light and jerky breathing of the bank director.

The crate behind which I was hidden did not mask the floor, and all of a sudden my eyes perceived a light beam.

It was not more than a burst at first, which stood out on the stone pavement, only to promptly disappear in a fine thread.

A moment later, without any warning, without any noise, a crack seemed to appear between the slabs, and, thanks to the ray of light, we caught sight of a white hand — an almost feminine hand —, which sought to slide into the gap between the stones.

Little by little, the hand, with its fingers outstretched, protruded out of the floor, only to suddenly disappear; and everything fell into darkness again, save the single luminous point that marked a gap between the tiles.

This disappearance was only momentary: one of the white slabs turned on its side with a plaintive, grinding noise, leaving a gaping hole, through which streamed the light from a lantern.

We then saw a boyish face appear, and then two hands, with the aid of which the individual supported himself on each side of the opening and hoisted himself out of the hole until, with the aid of his knees, he was able to set foot in the cellar.

He hauled a companion up after him; he was thin and agile like him, with a pale face and very red hair.

"It is all clear," whispered the first to arrive. "Do you have the chisel and the bags? My God! Jump, Archie, jump! I have been caught!"

Sherlock Holmes had leapt out of his hiding place, and had seized the intruder by the collar of his shirt, while the other fellow plunged into the excavation, tearing his clothes, which Jones had seized on his way out.

Mes membres étaient de plus en plus raides et engourdis, tant je craignais de faire le moindre mouvement; mes nerfs étaient surexcités, et mon oreille si tendue que, non seulement j'entendais la tranquille respiration de mes compagnons, mais encore je distinguais l'haleine bruyante du gros Jones, de celle légère et saccadée du directeur de la banque.

La caisse derrière laquelle je me cachais ne masquait pas le sol, et tout à coup mes yeux perçurent un rayon lumineux.

Ce ne fut d'abord qu'un jet, qui se profila sur le dallage pour disparaître aussitôt en un mince filet.

Un instant après, sans aucun avertissement, sans aucun bruit, une fissure sembla se former entre les dalles, et, à la faveur du rayon de lumière, nous aperçûmes une main blanche, presque une main de femme, qui cherchait à se glisser dans l'interstice des pierres.

Peu à peu, la main avec ses doigts tendus, émergeait au-dessus du sol, puis disparaissait aussitôt et tout rentrait dans l'obscurité, sauf le seul point lumineux qui marquait un intervalle entre les carreaux.

Cette disparition ne fut que momentanée; une des dalles blanches tourna de côté avec un grincement plaintif, laissant un trou béant par lequel jaillit la lueur d'une lanterne.

Nous vîmes alors apparaître une tête au visage jeune, puis deux mains à l'aide desquelles l'individu s'appuyant de chaque côté de l'ouverture, se hissa au-dessus du trou s'aidant des genoux jusqu'à ce qu'il pût prendre pied dans la cave.

Il tirait derrière lui un camarade mince et agile comme lui, avec une figure pâle et les cheveux très rouge.

— La place est libre, murmura le premier arrivé. Avez-vous le ciseau et les sacs? Mon Dieu! Sautez, Archie, sautez! J'ai été attrapé!

Sherlock Holmes avait bondi hors de sa cachette, et avait saisi l'intrus par le col de sa chemise, tandis que l'autre plongeait dans l'excavation en déchirant son vêtement que Jones saisit au passage.

In the light of our lantern, we saw the flash of the barrel of a revolver levelled at us, but Holmes' club, in coming down on the wrist of the man who was seeking to protect himself, made the weapon fall on the stone floor.

"It is no use, John Clay," said Holmes blandly. "Your affair is finished."

"So I see," the other answered, with the utmost coolness. "I suppose that my pal is saved, though I see you have got his coat-tails."

"Three men are waiting for him at the door," said Holmes.

"Oh, really! You seem to have thought of everything. I must compliment you for it."

"And I too must congratulate you," Holmes answered. "Your idea of red hair was brilliant, and indeed very convenient."

"You will see your pal again presently," said Jones. "He can go down a hole quicker than me. Just hold out your hands while I put the handcuffs on you."

"Do not touch me with your filthy hands," remarked our prisoner, as the handcuffs were closing. "You are no doubt unaware that I have royal blood in my veins. Have also the goodness when you address me to always say 'sir' and 'please.'"

"Very well," replied Jones, with a sneer. "Well, would you please, sir, go upstairs, where we can get a carriage to take your highness to the police station."

"It is better that way," said John Clay, cheerfully.

And, after having bowed deeply to the three of us, he walked quietly off in the custody of the detective.

"Really, Mr Holmes," said Mr Merryweather, as we exited the cellar, "I do not know how the bank could ever repay you for the service that you have just rendered it, for you have discovered and foiled one of the most audacious attempts at theft that I have seen."

"I have had two or three dealings with Mr John Clay," said Holmes. "That has even cost me some money, and I hope that the bank will compensate me for it.

À la lueur de notre lanterne nous vîmes briller le canon d'un revolver braqué sur nous, mais le gourdin de Holmes, en s'abattant sur le poignet de l'homme qui cherchait à se défendre, fit tomber l'arme sur le sol de pierre.

— Il est inutile, John Clay, dit Holmes d'un ton mielleux, votre affaire est terminée.

— Je le vois, répondit l'autre avec le plus grand sang-froid. Je suppose que mon copain est sauvé quoique vous ayez conservé les pans de son habit.

— Trois hommes l'attendent à la porte, dit Holmes.

— Oh! vraiment, vous me semblez avoir tout prévu. Je vous en fais mon compliment.

— Je vous félicite à mon tour, répondit Holmes. Votre idée de cheveux roux a été géniale et vraiment très pratique.

— Vous verrez tout à l'heure votre 'copain', dit Jones. Il peut descendre dans un trou plus vite que moi. Tendez donc les mains afin que je vous mette les menottes.

— Ne me touchez pas avec vos mains dégoûtantes, dit notre prisonnier, au moment où les menottes se refermaient. Vous ignorez sans doute que j'ai du sang royal dans les veines. Ayez aussi la bonté quand vous me parlez de me dire 'monsieur' et 's'il vous plaît'.

— Fort bien, répondit Jones, en ricanant. Eh bien! voulez-vous, s'il vous plaît, monsieur, monter afin que nous prenions un fiacre pour conduire Votre Altesse au poste de police.

— C'est mieux ainsi, s'écria John Clay, gaîment.

Et nous ayant salués tous les trois très bas, il partit tranquillement sous la garde du détective.

— Vraiment, monsieur Holmes, dit M. Merryweather, en sortant du caveau, je ne sais comment la banque pourra jamais s'acquitter envers vous du service que vous venez de lui rendre, car vous avez découvert et déjoué une des plus audacieuses tentatives de vol que j'ai vues.

— J'ai déjà eu deux ou trois fois à faire avec M. John Clay, dit Holmes. Cela m'a même coûté quelque argent et j'espère que la banque m'en dédommagera.

But that said, I am amply repaid by the satisfaction of having had an adventure that I would qualify as unique of its kind, and by hearing the very remarkable narrative of the Red-headed Association."

"You see, Watson," Holmes explained to me, in the early hours of the morning, while drinking a glass of whisky and soda in his living room on Baker Street, "you see perfectly well now that the only possible goal of this peculiar advertisement about the Association, and of the copy of the Encyclopædia, was to get rid of the naive moneylender for a number of hours every day.

It was a curious way of accomplishing the purpose, but certainly very effective.

The accomplice's red hair no doubt gave Clay this very provocative idea.

The two of them were deceiving and luring the moneylender by means of forty pounds a week.

What was this sum anyhow, compared to the millions that they could win?

We know that the advertisement was inserted in the newspaper, and while one of the scoundrels occupies the office, the other one ropes him into applying for it, and they guarantee themselves complete freedom during the morning each day.

It was clear to me that they had serious reasons for wanting to be masters of the house as soon as I learnt that the employee had come into Jabez Wilson's service for half the usual wage."

"But how could you have guessed their motive?"

"First of all, there were no women in the house, and hence the absence of a mere vulgar intrigue.

The man's business was not a substantial one, and nothing in his house could justify such a complicated plan, nor the financial sacrifices these skilful rascals were making.

It was therefore necessary to search outside the house to uncover their objective. But what could it be?

I then recalled the assistant's fondness for photography, and the obsession that he had of disappearing into the cellar. The cellar! That was the key to the enigma, was my thinking.

Mais ceci dit, je suis largement payé par la satisfaction d'avoir eu une aventure que je qualifierais d'unique dans son genre et par le récit très original de l'Association des Hommes Roux.

— Vous voyez, Watson, m'expliqua Holmes tôt le lendemain matin, en buvant un verre de soda et whisky dans son salon de Baker street, vous voyez clairement maintenant que le seul but possible de cette curieuse annonce d'Association et de la singulière copie de l'Encyclopédie était de se débarrasser pendant quelques heures chaque jour de l'usurier naïf.

C'était une étrange manière d'atteindre le but; mais très bonne assurément.

Les cheveux roux du complice a sans doute donné à Clay cette idée très provocatrice.

Tous les deux leurraient et alléchaient l'usurier au moyen de quarante livres par semaine.

Qu'était-ce, en effet, que cette somme à côté des millions qu'ils pouvaient gagner?

L'annonce que nous connaissons ayant été insérée dans les journaux, l'un des gredins tient le bureau; l'autre engage le prêteur à s'y présenter, et ils s'assurent pleine et entière liberté chaque jour pendant la matinée.

J'ai bien compris qu'ils avaient de sérieuses raisons pour vouloir être maîtres de la place, dès que j'ai su que l'employé était entré au service de Jabez Wilson pour la moitié des gages habituels.

— Mais comment avez-vous pu deviner leur but?

— D'abord, il n'y avait pas de femme dans la maison, d'où absence de la simple et vulgaire intrigue.

Le commerce de cet homme était peu considérable, et rien dans sa maison ne pouvait justifier un plan aussi compliqué et les sacrifices d'argent que faisaient ces habiles coquins.

C'était donc hors de la maison qu'il fallait chercher leur but, mais lequel?

Je me souvins alors du goût de l'assistant pour la photographie et de la manie qu'il avait de disparaître dans la cave. La cave! Voilà la clef de l'énigme, pensai-je.

Then I made inquiries into this mysterious employee, and discovered that I was in the presence of one of the most impudent and audacious criminals in London.

Why was he shutting himself up in this cellar several hours a day for months on end? Why? Without doubt, he was digging a tunnel that lead to another building."

"I was at that point with my deductions when we went to the scene of the drama.

There, I must have surprised you by beating upon the pavement with my stick. I was actually wanting to ascertain whether the tunnel extended in front or behind.

Then I rang the bell, and, as I hoped, the assistant answered it.

I have had dealings with him, but I did not know his facial features.

You must yourself have remarked how his pants, worn, wrinkled, and stained at the level of the knees, revealed the hours of work in a rabbit hole!

For what purpose was this man digging? That was all that remained for me to know.

I turned the corner of the street, and saw that the City and Suburban Bank extended to the perimeter of our friend's premises, and, with that discovery, my problem was resolved.

When you drove home after the concert, I made my way to Scotland Yard, and I also called on the chairman of the board of directors of the bank. You know the result of these visits."

"Finally, how could you know that they would make their attempt tonight?" I inquired.

"It is quite simple. The mere fact that they closed the office of the famous Association proved that the presence of Mr Jabez Wilson had become meaningless to them. Otherwise said, they had finished their tunnel.

It was essential for them to use it as soon as possible, for they might be discovered, and the cash might even be removed.

Saturday had to suit them better than any other day, as it would give them two days for their escape. For all these reasons I expected them to come tonight."

Alors, je fis une enquête sur ce mystérieux employé, et je découvris que j'étais en présence d'un des plus impudents et des plus audacieux criminels de Londres.

Pourquoi s'enfermait-il dans cette cave plusieurs heures par jour, pendant des mois? Pourquoi? C'est que sans doute il creusait un souterrain pour aboutir à un autre bâtiment.

J'en étais là de mes déductions, lorsque nous sommes allés à la scène du drame.

Là, j'ai dû vous surprendre en frappant le sol avec ma canne; je voulais en effet me rendre compte si le tunnel s'étendait en avant ou en arrière.

Puis j'ai sonné à la porte, et, comme je l'espérais, l'assistant est venu ouvrir.

J'ai déjà eu affaire à lui, mais je ne connaissais pas ses traits. Je jetai un coup d'œil sur ses genoux qui étaient tels que je m'attendais à les voir.

Vous avez dû remarquer vous-même combien son pantalon usé, froissé et taché à la place des genoux révélait des heures de travail dans un trou de lapin!

Dans quel but creusait cet homme? Voilà ce qui me restait à savoir.

Je tournai le coin de la rue et je m'aperçus que la Banque suburbaine et de la Cité s'étendait jusqu'au local de notre ami, et, par cette découverte, mon problème était résolu.

Lorsque vous êtes rentré, après le concert, je me suis rendu à Scotland Yard et chez le président du conseil d'administration de la Banque. Vous savez le résultat de ces visites.

— Enfin, comment pouviez-vous savoir qu'ils feraient leur tentative ce soir? demandai-je.

— C'est bien simple, le seul fait d'avoir fermé le bureau de la fameuse Association prouvait que la présence de M. Jabez Wilson leur était devenue indifférente; autrement dit qu'ils avaient achevé leur tunnel.

Il était essentiel pour eux de l'utiliser au plus vite, car ils pouvaient être découverts et le numéraire même pouvait être enlevé.

Le samedi devait leur convenir tout particulièrement, puisque cela leur donnait deux jours pour se sauver. C'est pour toutes ces raisons que je les attendais ce soir.

"You reasoning was perfect," I exclaimed, in undisguised admiration; "not a gap in this long series of facts!"

"It has saved me from ennui," replied Holmes, yawning. "Alas! I already feel it engulfing me again. My life is nothing more than a perpetual effort to escape everyday monotony, a monotony only broken by these little problems."

"And you are assuredly a benefactor of the human race," I said.

He shrugged his shoulders.

"Well, perhaps I am good for something," he remarked simply.

— Votre raisonnement était parfait, m'écriai-je avec une admiration non déguisée; pas une lacune dans cette longue série de faits!

— Cela m'a sauvé de l'ennui, répondit Holmes, en bâillant. Hélas! le voilà qui m'envahit de nouveau. Ma vie n'est qu'un perpétuel effort pour échapper à la monotonie de tous les jours, monotonie qui n'est rompue que par ces petits problèmes.

— Et vous êtes assurément un bienfaiteur de l'humanité.

Il haussa les épaules.

— Ma foi! peut-être suis-je utile à quelque chose, répondit-il simplement.

A Case of Identity

We were, Sherlock Holmes and I, sitting by the fireplace, facing one another, in the well-known apartment on Baker Sreet, when, breaking the silence, he proffered me this sentence imprinted with philosophy:

"Life contains those oddities that the most inventive mind could not conceive, and which are nevertheless merely commonplace in our existence.

If, upon opening the window, the two of us could fly out, hover over this great city, and covertly remove the roofs to take a glance at the strange events that are going on, what surprises would await us!

All novels, with their conclusions planned in advance, would appear bland and outdated to us, in comparison to the singular coincidences, the dark projects, the contradictory systems — in a word, the astonishing series of events that follow one another, through the ages, leading to the most unlikely results!"

"I do not agree with you," I answered. "The court cases that we read about in the newspapers are usually vulgar and devoid of interest. The realism is pushed to its utmost limits, and the outcome is nothing less than artistic and seductive."

Even in realism, there is a choice to make," remarked Holmes. "It is what is lacking in the police reports, where one attaches more importance to the words of the magistrate than to the details, which, to an observer, are the essence of the matter. Believe me, there is nothing less simple than the commonplace."

I shook my head with a look of incredulity.

"I understand our difference of opinion perfectly well," I said.

"You are the amateur adviser, the last resort for all the desperate on three continents. You naturally therefore find yourself encountering that which is the most bizarre, the most strange in the world.

Un Cas d'Identité

Nous étions, Sherlock Holmes et moi, assis près de la cheminée, en face l'un de l'autre, dans l'appartement bien connu de Baker Sreet, lorsque, rompant le silence, il me lança cette phrase empreinte de philosophie:

— La vie a de ces bizarreries que l'esprit le plus inventif ne saurait concevoir et qui ne sont cependant que de la monnaie courante dans notre existence.

Si, ouvrant la fenêtre, nous pouvions nous envoler tous les deux, planer sur cette grande cité, et soulever secrètement les toitures pour jeter un coup d'œil sur les événements étranges qui s'y passent, que de surprises nous attendraient!

Tous les romans avec leurs conclusions prévues à l'avance, nous paraîtraient fades et surannés à côté des singulières coïncidences, des sombres projets, des systèmes contradictoires, en un mot, de l'étonnante série de faits qui se succèdent, à travers les âges, pour aboutir aux résultats les plus invraisemblables!

— Je ne suis pas de votre avis, répondis-je. Les causes judiciaires dont nous lisons le compte rendu dans les journaux sont généralement vulgaires et dénuées d'intérêt; le réalisme y est poussé jusqu'à ses dernières limites, et le dénouement n'est rien moins qu'artistique et séduisant.

— Il y a, même dans le réalisme, un choix à faire, remarqua Holmes; c'est ce qui manque dans les rapports de police où l'on attache plus d'importance aux paroles du magistrat qu'aux détails qui, pour un observateur, sont l'essence de l'affaire. Croyez-moi, il n'y a rien de moins simple que le lieu commun.

Je secouai la tête d'un air d'incrédulité.

— Je comprends parfaitement notre divergence d'opinion.

Vous êtes le conseiller amateur, le recours suprême de tous les désespérés des trois continents; vous vous trouvez donc tout naturellement en présence de ce qui peut se rencontrer de plus bizarre, de plus étrange au monde.

But here, let us try a test," I added, casting my eyes over the morning paper, which had fallen to the floor.

"Here on the front page, the lead story: 'A husband's cruelty towards his wife.'

The story takes up a whole column, but I know the contents of it in advance.

There is, of course, a woman's story, a drunk, a brawl, the blows and the injuries, and a sympathetic sister or landlady. The most realistic of writers could invent nothing more crude."

"Indeed! Well, this example certainly supports your thesis," said Holmes, taking the paper and glancing through it.

"This is the Dundas separation case, and, as it happens, I was engaged to clear up the facts in connection with it.

The husband was a teetotaller, and there was no other woman caught up in the business. The biggest complaint against him was his habit of taking out his false teeth after every meal, and hurling them at his wife's face.

You will admit that that no novelist could have imagined that!

Take a pinch of snuff, Doctor, and admit that you are beaten."

He held out his gold snuffbox. In the centre of the lid was a magnificent amethyst.

This work of art contrasted so much with the simple habits and austere life of my friend that I could not help alluding to it.

"Ah," he said, "I forgot that I had not seen you for some weeks. This is a little souvenir from the King of Bohemia in recognition of my assistance in the case of the Irene Adler papers."

"And this ring?" I added, pointing to a very beautiful diamond, sparkling upon his finger.

"It is a present from the reigning family of Holland, though the extremely delicate circumstances in which I have been embroiled make me obliged to be absolutely discrete, even in relation to you, who have wanted to highlight several of my successes."

"And are you working at the moment?" I asked with interest.

Mais essayons d'une épreuve, ajoutai-je, en jetant les yeux sur le journal du matin qui était tombé au sol.

Voici en première page l'article de tête: 'Cruauté d'un mari envers sa femme.'

Le récit tient toute une colonne, mais j'en sais d'avance la teneur.

Il y a, bien entendu, une histoire de femme, un ivrogne, une rixe, des coups et des blessures, une sœur ou une propriétaire compatissante. L'auteur le plus réaliste n'inventerait rien de plus cru.

— Vraiment! eh bien! cet exemple appuie certainement votre thèse, dit Holmes, en prenant le journal et en le parcourant d'un coup d'œil.

C'est l'affaire de la séparation des Dundas et j'ai même été employé à éclaircir les faits qui s'y rattachent.

Le mari était un abstinent, aucune femme n'était mêlée à l'affaire; le plus grand grief qu'on eût contre lui était sa manie d'enlever son râtelier après chaque repas et de le jeter à la figure de sa femme.

Vous admettrez qu'aucun romancier n'aurait imaginé cela!

Prenez une pincée de tabac à priser, docteur, et avouez que vous êtes battu.

Il me tendit sa tabatière d'or. Dans le centre du couvercle était une magnifique améthyste.

Cet œuvre d'art contrastait tellement avec les habitudes de simplicité et la vie austère de mon ami que je ne pus éviter une allusion à ce sujet.

— Ah! j'oubliais, me dit-il, que j'ai passé plusieurs semaines sans vous voir. Ceci est un petit souvenir du roi de Bohême en reconnaissance de mon concours dans l'affaire des papiers d'Irène Adler.

— Et cette bague? ajoutai-je, en désignant un très beau diamant qui brillait à son doigt.

— C'est un présent de la famille régnante de Hollande, mais les circonstances très délicates auxquelles j'ai été mêlé me font un devoir d'être d'une discrétion absolue, même vis-à-vis de vous, qui avez bien voulu mettre en lumière plusieurs de mes succès.

— Et travaillez-vous en ce moment? demandai-je avec curiosité.

"I have around ten or twelve cases to study. Not one of them is particularly interesting.

Take note, they are important, without offering the slightest originality.

I have found that most insignificant facts sometimes provide ample material for observation, as well as for the quick analysis of cause and effect which renders all investigations so fascinating.

The largest crimes are often the most simple, for the motive is very clear.

In these cases, save for one rather intricate matter which has been referred to me from Marseilles, there is nothing which presents any features of interest. It is possible, however, that I may have something better before very many minutes are over, for this is one of my clients, unless I am very much mistaken."

He had stood up, and — through the window with its blinds partially open — was observing what was happening on the sombre, grey street.

I glanced over his shoulder, and saw that on the pavement opposite stood a big woman with a large fur scarf round her neck.

Her broad-brimmed hat, coquettishly turned up in the Duchess of Devonshire fashion, was decorated with an enormous flower which fell over her ear.

I noticed that her gaze, half-hidden by that monumental hairstyle, was fixed on our windows; and that her fingers, mindlessly occupied with unbuttoning and buttoning her gloves, denoted an extraordinary nervousness.

Suddenly she straightened up, and, bounding from one sidewalk to the other, rushed at the bell, which she rang violently.

"I have seen those symptoms before," said Holmes, throwing his cigarette into the fire.

"That hesitation is always the sign of an 'affaire de coeur'.

She would like some advice, but finds the subject too delicate to reveal to a third party. And yet, even with that, there are nuances.

A woman seriously wronged by a man never hesitates. She hangs on the bell rope, and breaks it.

— J'ai environ dix ou douze affaires à étudier. Aucun d'entre eux n'est particulièrement intéressant.

Comprenez bien: elles sont sérieuses sans offrir la moindre originalité.

J'ai remarqué que les faits les plus insignifiants fournissaient parfois ample matière à l'observation et à cette rapide analyse de la cause et de l'effet qui rend toute recherche si passionnante.

Les plus grands crimes sont souvent les plus simples parce que le motif en est très clair.

Les causes que j'étudie en ce moment ne présentent aucun intérêt, à l'exception cependant d'une seule plus embrouillée que les autres et au sujet de laquelle j'ai été consulté de Marseille. Mais je vais être sans doute plus occupé dans quelques instants car, si je ne me trompe, voici un de mes clients.

Il s'était levé, et, par la fenêtre dont les volets étaient entrouverts, il observait ce qui se passait dans la rue sombre et grise.

Je jetai un coup d'œil par-dessus son épaule et je vis sur le trottoir opposé une grande femme qui portait autour du cou une grande écharpe de fourrure.

Son chapeau à larges bords coquettement relevés, dans le style duchesse de Devonshire, était orné d'une énorme plume qui retombait sur l'oreille.

Je remarquai que son regard, à demi-dissimulé par cette coiffure monumentale, était fixé sur nos fenêtres et que ses doigts machinalement occupés à déboutonner et à reboutonner ses gants dénotaient une nervosité extraordinaire.

Soudain elle se redressa, et, bondissant d'un trottoir à l'autre, se précipita sur la sonnette qu'elle agita violemment.

— J'ai déjà vu ces symptômes, dit Holmes, en jetant sa cigarette dans le feu.

Cette hésitation est toujours le signe d'une 'affaire de cœur'.

Elle voudrait des conseils mais trouve le sujet bien délicat pour le révéler à un tiers. Et cependant, là encore, il y a des nuances.

Une femme gravement trompée par un homme n'hésite jamais; elle se pend au cordon de sonnette et le casse.

Here the heart is injured. The young person is more perplexed and grieved than angry. But here she is; she is going to bring us up to date."

He had not finished his sentences when there was a tap at the door, and the bellboy entered, announcing Miss Mary Sutherland.

Sherlock Holmes received her with the friendly courtesy he was known for. Then, having closed the door and inviting the visitor to sit in an armchair, he looked her over in the minutest detail, yet in the abstracted fashion which was peculiar only to him.

"Do you not find," he said, "that with your short-sightedness, it is a little difficult to do so much typewriting?"

"I did experience some tiredness at first," she answered, "but now I can type without looking at the keys."

Suddenly, she started violently in her chair; her good-humoured face expressed terror and amazement in the presence of the remark from Holmes.

"You have surely heard about me, Mr Holmes," she cried, "else how could you have known that?!"

"Never mind about that," said Holmes, laughing; "it is my business to always be well informed. Perhaps it is that I have trained myself to see what others overlook. Why else would you consult me?"

"Mrs Etheredge advised me to come here. You may recall that everyone, and that includes the police, believed her husband to be dead, and you found him immediately.

Oh, Mr Holmes, I want you to do the same thing for me.

I am not rich, but I have in total four thousand pounds a year in private income, besides what I earn from typing.

Well, I would give everything I own to know what has become of Mr Hosmer Angel."

"Tell me, then," said Sherlock Holmes, with his eyes fixed to the ceiling and his fingers knitted together, as was his custom, "why did you leave your place in such haste?"

Miss Mary Sutherland's somewhat vague face took on a frightened expression.

Ici le cœur est blessé; la jeune personne est plus perplexe et peinée que courroucée. Mais la voici, elle va nous mettre au courant.

Il n'avait pas achevé sa phrase qu'on frappait à la porte, et que le petit groom entrait, annonçant miss Mary Sutherland.

Sherlock Holmes la reçut avec l'aimable courtoisie qui le caractérisait; puis ayant fermé la porte et invité la visiteuse à s'asseoir dans un fauteuil, il l'étudia dans les moindres détails mais avec l'air distrait qui n'appartenait qu'à lui.

— Ne trouvez-vous pas, lui dit-il, qu'avec votre myopie, c'est un peu difficile de taper tellement à la machine?

— J'ai éprouvé de la lassitude au début, répondit-elle, mais maintenant je peux taper sans regarder les touches.

Tout à coup, elle sursauta violemment sur sa chaise; sa physionomie plutôt joviale exprima la terreur et l'ébahissement en présence de la réflexion de Holmes.

— Vous avez sûrement entendu parler de moi, monsieur Holmes, s'écria-t-elle; autrement, comment auriez-vous pu savoir cela?

— Peu importe, dit Holmes en riant, c'est mon affaire d'être toujours bien renseigné. Peut-être que je me suis entraîné à voir ce que d'autres négligent; autrement pourquoi me consulteriez-vous?

— C'est Mrs Etheredge qui m'a conseillé de venir ici; vous souvenez-vous que tout le monde, y compris la police, croyait son mari mort et que vous l'avez instantanément retrouvé.

Oh! monsieur Holmes, je veux que vous fassiez la même chose pour moi.

Je ne suis pas riche, mais j'ai en tout quatre mille livres de rentes, sans compter ce que je gagne en tapant à la machine.

Eh bien! je donnerais tout ce que je possède pour savoir ce qu'est devenu M. Hosmer Angel.

— Dites-moi donc, reprit Holmes, les yeux fixés sur le plafond et les doigts serrés, selon sa manie, dites-moi pourquoi vous êtes sortie de chez vous dans une telle hâte?

Le visage quelque peu vague de miss Mary Sutherland prit une expression d'effroi.

"Well yes, I left the house in a rush, furious at the indifference of Mr Windibank — that is, my father — regarding such a grave matter.

He did not want to go the police, and he did not want to go and see you.

It is upon his refusal to make any effort, and his persistence in repeating that after all, the harm done was not much, that I came directly to see you."

"Your father," said Holmes, "you meant your stepfather, surely, because he does not have the same name as you."

"Yes, my stepfather. I call him my father, as strange at is seems: he is only five years and three months older than myself."

"And your mother is alive?"

"Oh, yes, and she is in excellent health. I was not overly pleased to see her remarry so soon after the death of my father, and to marry a man who was nearly fifteen years younger than herself.

My father was a plumber and lived in Tottenham Court Road.

He left a good business behind him, which mother continued to run with the aid of Mr Hardy, the foreman; but, under the influence of Mr Windibank — a travelling wine salesman, and as a consequence, in a better situation than she was —, she sold his stock along with the clientele.

They received four thousand seven hundred pounds for the business and the clientele, a sum much less than its real value."

I was thinking that this narrative, which was as extravagant as it was unnecessary, would test the patience of Holmes; but, to my great astonishment, he seemed to listen with the utmost interest.

"Does your little income come out of the business?" he asked.

"Oh no, sir. It is something completely separate. It is a legacy which has been left to me by my uncle Ned in Auckland: New Zealand shares, returning four and a half percent.

— En effet, je suis sortie précipitamment de chez moi, furieuse de l'indifférence de M. Windibank, mon père, dans une question aussi grave.

Il ne voulait pas aller à la police, et il ne voulait pas aller vous voir.

C'est sur son refus de faire aucune démarche et sa persistance à répéter qu'après tout le mal n'était pas bien grand, que je suis venue directement vous voir.

— Votre père? dit Holmes, vous vouliez dire votre beau-père, sûrement, puisqu'il ne porte pas le même nom que vous.

— Oui, mon beau-père; je l'appelle mon père, tout étrange que cela paraisse, vis-à-vis d'un homme qui n'est que de cinq ans et trois mois plus âgé que moi.

— Et votre mère est en vie?

— Oh! oui, et elle est en excellente santé. Je n'ai pas été très satisfaite de la voir se remarier si vite après la mort de mon père et épouser un homme qui avait près de quinze ans de moins qu'elle.

Mon père était plombier et habitait Tottenham-Court road.

Il laissa en mourant un bon fonds de commerce que ma mère continua de fonctionner avec l'aide de M. Hardy le contremaître: mais sous l'influence de M. Windibank, placier en vins, et par conséquent dans une situation meilleure que la sienne, elle vendit son entreprise.

Ils reçurent quatre mille sept cents livres pour l'entreprise et la clientèle, une somme bien inférieure à sa valeur réelle.

Je pensais que ce récit aussi extravagant qu'inutile testerait la patience de Holmes, mais, à mon grand étonnement, il semblait écouter avec le plus vif intérêt.

— Est-ce que votre petit revenu provient de l'entreprise? demanda-t-il.

— Oh! non, monsieur, c'est quelque chose de complètement séparée. C'est un legs qui m'a été laissé par mon oncle Ned à Auckland: des actions de la Nouvelle-Zélande rapportant quatre et demi pour cent.

The capital of ninety thousand pounds is untouchable. I can only touch the interest."	Le capital de quatre-vingt-dix mille livres est inaliénable; je n'en puis toucher que les intérêts.
"You interest me a lot," said Holmes. "And since your income comes to the sum of four thousand pounds a year, not to mention what you earn besides that, you have the means to pay for several little voyages, and even some novelties.	— Vous m'intéressez beaucoup, dit Holmes. Et puisque votre revenu s'élève à quatre mille livres par an, sans compter ce que vous gagnez en dehors de cela, vous avez les moyens de vous payer quelques petits voyages et bien des fantaisies.
It seems to me that a single woman can get on perfectly well on a weekly income of about sixty pounds."	Il me semble qu'une femme seule peut se tirer parfaitement d'affaire avec un revenu hebdomadaire d'environ soixante livres.
"I could live comfortably with much less than that, Mr Holmes; but you understand that as long as I live at my parents place, I do not want to be a burden to them, and so I allow them to use my income. Of course, that will not last for ever.	— Je pourrais vivre confortablement avec une somme inférieure à celle-là, monsieur Holmes, mais vous comprenez que tant que j'habite chez mes parents, je ne veux pas être un fardeau pour eux, de sorte que je leur laisse la jouissance de mes revenus. Bien entendu, cela n'aura qu'un temps.
Mr Windibank receives my interest every quarter and pays it over to mother. As for me, I am perfectly self-sufficient with what I earn from typewriting.	M. Windibank touche mes intérêts tous les trimestres et les verse à ma mère; pour moi, je me suffis parfaitement à moi-même avec ce que je gagne en tapant à la machine.
It brings me twenty cents a sheet, and I can do fifteen to twenty of them in a day."	Cela me rapporte vingt centimes par feuille et je puis en faire de quinze à vingt par jour.
"You have explained your situation to me very clearly," said Holmes. "Let me introduce my friend, Dr Watson. You may speak to him as freely as to myself. Now be so kind as to tell us all that you know about Mr Hosmer Angel."	— Vous m'avez très clairement exposé votre situation, dit Holmes. Je vous présente mon ami le docteur Watson; vous pouvez lui parler aussi librement qu'à moi-même. Soyez donc assez aimable pour nous dire tout ce que vous savez sur M. Hosmer Angel.
Miss Sutherland's flushed lightly, and she began to play nervously with the fringe of her jacket.	Miss Sutherland rougit légèrement, et elle se mit à jouer nerveusement avec la frange de sa jaquette.
"I met him for the first time," she said, "at the Gas Fitters' ball. This trade association used to always send father invitations when he was alive, and now they send them to my mother.	— Je l'ai rencontré pour la première fois, dit-elle, au bal des gaziers. Cette corporation envoyait toujours des invitations à mon père de son vivant, et maintenant ils les envoient à ma mère.
Mr Windibank was not of the view that we should go to this ball. He was always opposed to anything we accepted.	M. Windibank n'était pas d'avis que nous allions à ce bal; il est toujours opposé à ce que nous acceptions quoi que ce soit.
He would become furious if I wanted to go to Sunday school.	Il deviendrait furieux si je voulais aller à l'école du dimanche.
But this time, my mind was made up. I wanted to go to this ball, and what right had he to prevent me?	Mais cette fois-ci ma résolution était prise. Je voulais aller à ce bal et de quel droit m'en eût-il empêchée?

He was saying that we were better than them; but, this is not my opinion, for all my father's friends were expected to be there.

He said that I had nothing fit to wear, whereas I had a purple dress in my wardrobe, which I had never worn.

At last, having run out of arguments, he departed for France on business.

Mother and I, we went to the ball, accompanied by Mr Hardy, who had been our foreman; and it was there that I met Mr Hosmer Angel."

"I suppose," interrupted Holmes, "that when Mr Windibank returned from France he was very annoyed to learn that you had gone to this party."

"Oh, in any case, he was very friendly. He laughed and said, shrugging his shoulders, that there was nothing more stubborn than a woman."

"I see. Then you were saying that you met a certain Mr Hosmer Angel at this Gas Fitters' ball?"

"Yes, sir. I met him that night, and he called the next day to ask if we had returned home safe and sound.

Then we, or rather I… I went for a walk alone with him on two occasions.

But after that my stepfather came back, and Mr Hosmer Angel could not come to the house anymore."

"Really, and why not?"

"Have I not told you that my stepfather is opposed to that kind of thing?

He does not like to receive visitors, and he used to say that a woman should be happy in her own family circle.

However, as I used to say to my mother, a woman must create her own family circle, and I do not have mine yet."

"Let's return, if you will, to Mr Hosmer Angel? Did he not make any attempt to see you again?"

"Since my stepfather was to return to France a week later, Hosmer wrote and said that he considered it more prudent to wait for his departure before meeting again.

Il disait que nous étions meilleurs qu'eux; mais ce n'était pas mon avis car tous les amis de mon père devaient s'y trouver.

Il ajoutait que je n'avais pas de quoi m'habiller, alors que j'avais dans mon armoire une robe violette que je n'avais jamais portée.

Enfin, à bout d'arguments, il partit pour la France pour affaires.

Ma mère et moi, nous allâmes au bal accompagnées de M. Hardy, qui avait été notre contremaître; et ce fut là que je rencontrai M. Hosmer Angel.

— Je suppose, interrompit Holmes, que lorsque M. Windibank revint de France, il fut très mécontent d'apprendre que vous étiez allée à cette fête.

— Dans tous les cas, il était très sympathique. Il sourit et dit, en haussant les épaules, qu'il n'y avait rien de plus entêté qu'une femme.

— J'y suis. Vous disiez donc qu'à ce bal des gaziers vous aviez rencontré un certain M. Hosmer Angel?

— Oui, monsieur, je l'ai rencontré ce soir-là, et il est venu le lendemain demander si nous étions rentrées à bon port.

Ensuite nous, ou plutôt moi, je me suis promenée deux fois avec lui en tête à tête.

Mais ensuite mon beau-père est revenu, et M. Hosmer Angel ne pouvait plus revenir à la maison.

— Vraiment, et pourquoi pas?

— Ne vous ai-je pas dit que mon beau-père s'opposait à ce genre de chose?

Il n'aime pas recevoir de visiteurs, et il disait qu'une femme devrait être heureuse dans son propre cercle familial.

Cependant, comme je disais à ma mère, c'est qu'une femme doit se créer son propre cercle familial, et je n'ai pas encore le mien.

— Revenons, je vous prie, à M. Hosmer Angel; n'a-t-il fait aucune tentative pour vous voir de nouveau?

— Comme mon beau-père devait retourner en France huit jours plus tard, Hosmer m'écrivit qu'il trouvait plus prudent d'attendre son départ pour nous rencontrer.

But we were writing to each other, and I used to receive a letter from him every day.

My father did not suspect anything since I was collecting and delivering the letters myself."

"Were you already engaged to the gentleman at this time?"

"Oh, yes, Mr Holmes. We were engaged after our first walk. Hosmer, that is to say, Mr Angel, was a cashier in an office in Leadenhall Street, and…"

"What office?"

"Ah well, sir, I do not know."

"Where was he living, then?"

"He said that he was sleeping at the office."

"And you do not know his address?"

"No, except that it was in Leadenhall Street."

"But where did you address your letters?"

"To the Leadenhall Street post office, poste restante.

He said to me that if my letters were addressed to his office, the other employees, in seeing a woman's handwriting, would not spare him from their sarcastic remarks.

So, I offered to type them, like he himself was doing, but he refused on the pretext that my writing gave him more pleasure than the printed characters, which he found too banal.

That shows you how much he liked me, Mr Holmes, and how his feelings had grown."

"It is indeed very suggestive," returned Holmes. "A long time ago now, I observed to what extent the smallest details have an importance. Can you remember any other particularities relating to Mr Hosmer Angel?"

"He was a very shy man, Mr Holmes. He preferred to go out with me at night so as to be less conspicuous.

He was reserved in his behaviour and perfectly well-mannered. Even his voice was gentle.

He had had a throat infection and swollen glands in his youth, and it had left him with a weak throat. Hence, he spoke in a low voice.

Mais nous étions en correspondance, et je recevais chaque jour une lettre de lui.

Mon père ne s'en doutait pas, puisque c'était moi-même qui recevais le courrier et le distribuais.

— Étiez-vous déjà, à ce moment-là, fiancée au gentleman?

— Oh! oui, monsieur Holmes; nous avons été fiancés après notre première promenade. Hosmer, je veux dire M. Angel, était caissier dans un bureau de Leadenhall street et…

— Quel bureau?…

— Hélas! monsieur, je n'en sais rien.

— Où demeurait-il alors?

— Il dit qu'il dormait au bureau.

— Et vous ne savez pas son adresse?

— Non, sauf que c'était dans Leadenhall street.

— Mais où adressiez-vous vos lettres?

— Au bureau de poste de Leadenhall street, poste restante.

Il me disait que si mes lettres lui étaient adressées à son bureau, les autres employés, en voyant l'écriture d'une femme, ne lui épargneraient pas leurs sarcasmes.

C'est alors que j'ai proposé de les taper à la machine comme il le faisait lui-même, mais il refusa sous prétexte que mon écriture lui faisait plus de plaisir que les caractères imprimés, qu'il trouvait trop banals.

Cela vous prouve à quel point il m'aimait, monsieur Holmes, et combien ses sentiments avaient grandi.

— C'est très suggestif, en effet, repartit Holmes. J'ai constaté, il y a longtemps déjà, à quel point les petits détails ont de l'importance. Pouvez-vous vous rappeler d'autres particularités ayant trait à M. Hosmer Angel?

— C'était un homme très timide, monsieur Holmes. Il sortait avec moi de préférence le soir afin d'être moins visible.

Il était réservé dans ses manières et parfaitement bien élevé. Même sa voix était douce.

Il avait eu une angine et les glandes enflées dans sa jeunesse, et cela l'avait laissé avec une gorge faible. Par conséquent, il parlait d'une voix basse.

He was always well dressed: dressed to the nines.	Il était toujours bien mis: tiré à quatre épingles.
He was short-sighted, like me, and he wore tinted glasses to protect his eyes from the glare."	Il était myope comme moi, et il portait des lunettes teintées pour protéger les yeux de l'éblouissement.
"And what happened during Mr Windibank's, your stepfather's, stay in France?"	— Et qu'est-il arrivé durant le séjour en France de M. Windibank, votre beau-père?
"Mr Hosmer Angel came back to see me, and proposed that we should marry before father came back, which is to say, the following Friday.	— M. Hosmer Angel est revenu me voir et m'a proposé de nous marier avant le retour de mon beau-père, c'est-à-dire le vendredi suivant.
He was extremely sincere, and made me swear on the Bible that I would remain faithful to him, no matter what happens.	Il était extrêmement sincère, et il m'a fait jurer sur la Bible que je lui resterais fidèle, quoi qu'il puisse arriver.
My mother said he was quite right to make me swear on the Bible, and that it was a sign of his love for me.	Ma mère dit qu'il avait raison de me faire jurer sure la Bible, et qu'il était un signe de son amour pour moi.
I must say to you that my mother has always encouraged him, right from the start, and that she has even shown more affection towards him than to me.	Je dois vous dire que ma mère l'a toujours encouragé, dès le début, et qu'elle lui a même témoigné plus d'affection qu'à moi.
Then, when they talked about a marriage within a week, I asked how my father would take it.	Puis, quand ils parlèrent d'un mariage dans la semaine, je demandai comment mon beau-père le prendrait.
My mother and Mr Hosmer Angel advised me not to concern myself with him, and not to announce it to him until afterwards. My mother even promised to make everything right with him.	Ma mère et M. Hosmer Angel me conseillèrent de ne pas m'occuper de lui, et de ne lui annoncer la chose que lorsqu'elle serait faite. Ma mère s'engagea même à tout arranger avec lui.
I must admit to you, Mr Holmes, that this plan hardly appealed to me.	Je dois vous avouer, monsieur Holmes, que ce plan ne me séduisait qu'à demi.
It seemed funny that I should ask him for permission, for he was only a few years older than me; but I nevertheless did not want to do anything in secret.	Il semblait drôle que je devrais lui demander la permission, comme il avait seulement quelques années de plus que moi, mais je ne voulais pas faire quelque chose en secret.
So, I decided to write to him in Bordeaux, where the company that he represents has its French branch, but my letter came back to me on the very morning of the wedding."	Je me décidai donc à lui écrire à Bordeaux, où la société qu'il représente a sa succursale française; mais ma lettre me revint le matin même du mariage.
"He did not receive your letter?"	— Il ne reçut pas votre lettre?
"No, sir, for he had started for England just before my letter arrived in Bordeaux."	—Non, monsieur, car il était parti pour l'Angleterre juste avant ma lettre est arrivée à Bordeaux.
"That was most unfortunate. So, your wedding was scheduled for the Friday. It was supposed to take place at the church?"	— Cela était bien malheureux. Votre mariage alors était fixé au vendredi. Devait-il se faire à l'église?

"Yes, sir, but very discretely. It was to be at St. Saviour's, near King's Cross. Afterwards, we were to have breakfast at the St. Pancras hotel.

Hosmer came for us in a hansom cab. He put the two of us into his carriage, and he climbed into a four-wheeled carriage, the only other carriage in the street.

We arrived in front of the church first, and when the four-wheeler which was following us stopped, we were stupefied to find it empty.

The cabman got down from the box immediately, and, having observed the absence of his client, he declared to us that he could not understand what had happened, for he had seen him get in the carriage with his own eyes.

This happened last Friday, Mr Holmes, and I have neither seen nor heard anything that might put me on the trail of my fiancé."

"It seems to me that he has treated you in a shameful manner," said Holmes.

"Oh, no, sir! He was too good and kind to have abandoned me that way.

What?! All the morning he had not ceased to beg me to remain faithful to him, no matter what happened — even if it were the most unforeseen of circumstances: 'we are linked forever,' he was saying; 'I will not forget it, and I will claim it sooner or later.'

This language seemed strange, especially before a wedding, but now I understand it."

"Of course. Your opinion is, then, that Mr Hosmer Angel was the victim of an unforeseen catastrophe?"

"Yes, sir. It is certainly because he foresaw some danger that he said this strange sentence to me. I think that what he foresaw happened."

"Do you have any idea about the kind of danger which was threatening him?"

"No, none."

"Allow me one more question. How has your mother taken the matter?"

"She was furious, and requested that I never speak to her about this sad affair again."

— Oui, monsieur, mais très discrètement. Il devait avoir lieu à Saint-Sauveur, près de King's cross. Ensuite, nous devions prendre le petit déjeuner à l'hôtel Saint-Pancrace.

Hosmer vint nous chercher en cab. Il nous mit toutes les deux dans son calèche, et il monta dans une calèche à quatre roues, la seule autre calèche dans la rue.

Nous arrivâmes les premières devant l'église et lorsque le fiacre à quatre roues qui nous suivait s'arrêta, nous fûmes stupéfaites de le trouver vide.

Le cocher descendit de son siège aussitôt, et, ayant constaté l'absence de son client, il nous déclara ne pouvoir comprendre ce qui s'était passé, car il l'avait vu de ses propres yeux monter dans la voiture.

Ceci se passait vendredi dernier, monsieur Holmes, et depuis je n'ai rien vu ni rien entendu dire qui pût me mettre sur la trace de mon fiancé.

— Il me semble qu'il vous a traitée d'une manière honteuse, dit Holmes.

— Oh! non, monsieur, il était trop bon et trop gentil pour m'avoir abandonnée ainsi.

Comment? Toute la matinée il n'avait cessé de me supplier de lui demeurer fidèle quoi qu'il pût arriver, fût-ce même la circonstance la plus imprévue. 'Nous sommes liés à tout jamais, me disait-il; je ne l'oublierai pas et je m'en prévaudrai tôt ou tard.'

Ce langage me semblait singulier, surtout avant un mariage, mais maintenant je le comprends.

— Évidemment. Votre opinion est donc que M. Hosmer Angel fut victime d'une catastrophe imprévue?

— Oui, monsieur, c'est sûrement parce qu'il prévoyait un danger qu'il m'a dit cette phrase étrange. Je pense que ce qu'il prévoyait est arrivé.

— Avez-vous une idée quelconque sur le genre de danger qui le menaçait?

— Non, aucune.

— Permettez-moi encore une question. Comment votre mère a-t-elle pris cet événement?

— Elle était furieuse et m'a priée de ne jamais lui reparler de cette triste affaire.

"And your father? Did you tell him what happened?"

"Yes; and he seemed to think, like us, that some kind of mishap has undoubtedly happened to Hosmer, but that we would no doubt hear from him.

As he said to me, what benefit could an individual have in bringing me to the doors of the church, only to then leave me?

Ah, if he had borrowed my money, or if he had married me, then it would make sense.

However, Hosmer is not a money man, and would never have wanted to accept even a cent.

Now I ask myself, what could have happened to him? Why has he not written?

This uncertainty is driving me crazy. I no longer sleep; I do not have a moment's rest."

Here, Miss Sutherland had to break off, for the sobbing was choking her. She pulled a handkerchief out of her pocket and sobbed heavily.

"I will look into your matter," said Holmes, rising, "and I am convinced that we shall reach an outcome. Have confidence in me, and try not to think about all this anymore. Let Mr Hosmer Angel disappear from your memory, as he has done from your life!"

"Then I will not see him again!"

"I fear not."

"So what has happened to him?"

"I am assuming the responsibility for you learning that before long, but in the meantime, I should like an accurate description of this person, and his letters, if that is possible."

"I put an advertisement in last Saturday's Chronicle," she said. "Here it is, along with four letters from him."

"Thank you. And what is your address?"

"No. 31 Lyon Place, Camberwell."

"You have never had Mr Angel's address, no? Still, where is your stepfather's office?"

"My stepfather is a sales representative for Westhouse & Marbank, the great wine importers of Fenchurch Street."

— Et votre père? lui avez-vous raconté ce qui s'était passé?

— Oui, et il a pensé, comme nous, qu'il était sans doute arrivé un accident à Hosmer, mais que nous entendrions sûrement parler de lui.

Comme il me l'a dit, quel avantage aurait un individu à me mener à la porte de l'église, puis à me laisser?

Ah! s'il m'avait emprunté de l'argent, ou s'il m'avait épousée, alors il serait logique.

Mais Hosmer n'était pas un homme d'argent, et il n'aurait jamais voulu accepter même un cent.

Maintenant je me demande ce qui a pu lui arriver? Pourquoi ne m'a-t-il pas écrit?

Cette incertitude me rend folle. Je ne dors plus, je n'ai pas un instant de repos.

Ici miss Sutherland dut s'interrompre, car les sanglots l'étranglaient. Elle tira un mouchoir de sa poche et répandit d'abondantes larmes.

— J'examinerai votre affaire, dit Holmes, en se levant, et je suis persuadé que nous arriverons à un résultat. Ayez confiance en moi et tâchez de ne plus penser à tout cela. Que M. Hosmer Angel disparaisse de votre souvenir comme de votre vie!

— Alors je ne le reverrai plus!

— Je crains bien que non!

— Que lui est-il donc arrivé?

— Je me charge de vous l'apprendre avant peu, mais en attendant, il me faut une description minutieuse de cette personne, et ses lettres, si cela est possible.

— J'ai fait insérer une annonce dans la 'Chronique' de samedi, dit-elle; la voici avec quatre lettres de lui.

— Merci; quelle est votre adresse?

— 31, Lyon Place, Camberwell.

— Vous n'avez jamais eu l'adresse de M. Angel, n'est-ce pas? mais où est le bureau de votre beau-père?

— Mon beau-père est représentant de commerce pour la maison Westhouse et Marbank, les grands importateurs de vins de Fenchurch street.

"Thank you. That is enough for me. Your testimony is very clear. Leave me your documents, and follow my advice: forget this troublesome incident forever. Do not let it affect your life."

"Thank you for your genuine concern, Mr Holmes, but I cannot do that. I am going to wait for him to return."

Despite the preposterous hat and the vacuous face, this simple and naive girl compelled our respect.

She laid her papers on the table and left, promising to return as soon as she might be summoned.

Sherlock Holmes sat silent for a few minutes, with his fingers knitted together, his legs stretched out in front of him, and his gaze obstinately directed towards the ceiling.

Then he took down the old and oily clay pipe from the shelf, which was at all times his counsellor, and, having lit it, he leaned back in his chair.

Soon enough, a cloud of smoke enveloped him, while his face displayed an extreme languor.

"The problem is banal," observed Holmes, "but the young person is interesting to study.

I have already seen parallel cases. My collection makes mention of a similar occurrence in Andover in '77.

Only last year, in The Hague, something similar happened, and although the ruse is old, I have nevertheless observed two details here that are absolutely without precedent. The young girl herself was very informative."

"You have therefore uncovered in her that which remains absolutely hidden to me," I remarked.

"It is not concealed, but it goes unnoticed, Watson. You do not know where to look, and all that has some importance escapes you.

I have not yet managed to make you understand what a sleeve can reveal; to what extent a thumbnail can be suggestive; or the consequences that one can draw from a bootlace.

Tell me your opinion of this woman according to her appearance? Describe her clothing."

— Merci. Cela me suffit; votre déposition est très claire. Laissez-moi vos papiers et suivez mon conseil. Oubliez à tout jamais cet incident gênant. Ne laissez pas cela affecte votre vie.

— Merci de votre bon intérêt, monsieur Holmes, mais je ne peux pas faire cela. Je vais attendre pour lui de revenir.

En dépit du chapeau grotesque et du visage vide de sens, cette fille simple et naïve forçait notre respect.

Elle déposa ses papiers sur la table et se retira en promettant de revenir dès qu'on lui ferait signe.

Sherlock Holmes demeura quelques instants silencieux, les doigts serrés, les jambes étendues devant lui, le regard obstinément fixé au plafond.

Puis il décrocha de l'étagère la vieille pipe de terre huileuse qui était en tout temps sa conseillère, et l'ayant allumée il se renversa sur sa chaise.

Bientôt un nuage de fumée l'enveloppa tandis que son visage reflétait une langueur extrême.

— Le problème est banal, observa Holmes, mais la jeune personne est intéressante à étudier.

J'ai déjà vu des cas semblables; mon recueil fait mention d'une circonstance analogue à Andover en 77.

L'année dernière même, à La Haye, il s'est passé une chose similaire, et, bien que la ruse soit ancienne, j'ai noté ici cependant deux détails absolument inédits. La jeune fille elle-même a été très instructive.

— Vous avez alors découvert en elle ce qui est resté absolument caché pour moi.

— Il n'est pas caché, mail il passe inaperçu, Watson. Vous ne savez pas où regarder, et tout ce qui a quelque importance vous échappe.

Je n'ai pas encore réussi à vous faire comprendre tout ce que peut révéler une manche! à quel point peut être suggestif un ongle du pouce, ou les conséquences qu'on peut tirer d'un lacet de bottine.

Dites-moi votre opinion sur cette femme d'après son apparence. Décrivez ses vêtements.

"Well, she had a slate-coloured, broad-brimmed straw hat, with a feather of a brickish red. Her jacket was black, embroidered with jet-black beads, and had a fringe of the same kind. Her dress was of a very dark brown, and was lined at the neck and sleeves with a little purple plush.

She was wearing greyish gloves, worn at the right index finger. I neglected to look at her boots. She had small gold earrings, and gave me the impression of being a person very much at ease in the not so elegant social sphere to which she belonged."

Sherlock Holmes applauded discretely and could not help smiling.

"My word, Watson, you are making progress. Your description is extremely precise.

It is true that you have omitted everything that was important, but you have hit upon the method, and you have a good eye for colour.

Never trust general impressions, my boy, but rather, devote all your attention to the details.

In the case of a woman, I always glance at the sleeves first. In the case of a man, I prefer to look at the knees of the trousers.

As you have observed, this woman had plush upon her sleeves. The material often has easily recognisable marks.

Well, above the wrist, there was a double line on the plush, and this forms when one supports the hand on the table while typing.

The same mark exists on the sleeve of persons who sew using a hand-type machine, but in this case only the left arm is marked, and only on the side opposite the thumb, instead of it being right across the wrist, as was the case with Miss Sutherland.

Furthermore, in observing her face attentively, I noticed the impression from a pince-nez on her nose. This observation, along with the other, allowed me, to the great astonishment of the young lady, to speak to her about her short-sightedness and typing."

"I must admit that I was as surprised as her."

"It was surely obvious!

— Eh bien! elle avait un chapeau de paille à larges bords, couleur ardoise, orné d'une plume rouge brique; une jaquette noire brodée de perles de jais et agrémentée d'une frange de même espèce; une robe d'un brun très foncé garnie au col et aux manches de peluche pourpre.

Elle portait des gants gris, usés à l'index droit. J'ai omis de regarder ses bottines. Elle avait de petites boucles d'oreilles en or, et m'a donné l'impression d'une personne fort à son aise dans le milieu peu élégant auquel elle appartient.

Sherlock Holmes applaudit discrètement et ne put s'empêcher de sourire.

— Ma parole, Watson, vous faites des progrès. Votre description est très exacte.

Il est vrai que vous avez omis tout ce qui était important, mais vous avez compris la méthode et vous avez un bon œil pour la couleur.

Ne vous fiez jamais aux impressions générales, mon garçon, mais consacrez toute votre attention aux détails.

S'il s'agit d'une femme, je regarde toujours les manches d'abord. S'il s'agit d'un homme, je préfère regarder les genoux du pantalon.

Comme vous l'avez observé, cette femme avait de la peluche sur ses manches. Le matériau a souvent des marques facilement reconnaissables.

Or, au-dessus du poignet, il y avait sur la peluche la double ligne qui se forme lorsque, écrivant à la machine, on appuie la main sur la table.

La même marque existe sur la manche des personnes qui cousent à la machine à main; mais alors le bras gauche seul est marqué, et encore, du côté opposé au pouce, au lieu de l'être sur toute la largeur du poignet comme chez miss Sutherland.

De plus, en regardant attentivement son visage, je remarquai sur le nez l'empreinte d'un pince-nez; cette observation jointe à l'autre me permit, au grand étonnement de la demoiselle, de lui parler de sa myopie et de l'écriture à la machine.

— J'avoue que j'avais été aussi surpris qu'elle.

— C'était assurément évident!

Another observation seemed to me worthy of interest: it is that the young person's boots were mismatched; though without being altogether dissimilar, with the one having a slightly decorated toe-cap, and the other a plain one.

One of her boots only had two out of five buttons buttoned, and the other at the first, third, and fifth buttons.

Is it admissible that a neatly dressed young woman goes out with mismatched boots, half-buttoned up, unless she departed hastily?"

"And what else?" I asked, more and more interested in the profoundly incisive and clear reasoning of my friend, Sherlock Holmes.

"I observed, in passing, that she had written a note before leaving home, but after having been fully dressed.

You have rightly observed that her right glove was torn at the forefinger, but not that the glove and finger were stained with violet ink.

In her haste, she must have dipped her pen too deeply into the inkwell.

In addition, the mark was very fresh, proof that the lady had just finished writing when she came.

All that I say to you here, though amusing, is altogether elementary and obvious.

However, Watson, I must now go about my business.

Would it be alright with you to read me the newspaper advertisement giving the description of Mr Hosmer Angel?"

I came close to the window and read the following:

"Missing on the morning of the fourteenth, an individual named Hosmer Angel; about five feet seven inches in height; strongly built, pale complexion, black hair, a little bald at the top of the head, moustache and bushy, black sideburns; tinted glasses, slight infirmity of speech.

Was dressed, the last time he was seen, in black overcoat lined with silk, black waistcoat with gold Albert chain, and grey Harris tweed trousers, wearing elastic-sided boots covered with brown gaiters. Known to have been employed in an office in Leadenhall Street. Anybody bringing…"

Une autre remarque me parut digne d'intérêt: c'est que les bottines de la jeune personne fussent dépareillées; sans être toutefois absolument dissemblables, l'une ayant un bout légèrement décoré et l'autre un bout uni.

Une de ses bottines n'avait que deux boutons boutonnés sur cinq, et l'autre aux les premier, le troisième et le cinquième boutons.

Est-il admissible qu'une jeune personne soignée sorte avec des bottines dépareillées, à demi boutonné, à moins qu'elle ne soit partie précipitamment?

— Et quoi d'autre? demandai-je, de plus en plus intéressé par le raisonnement si incisif et si clair de mon ami Sherlock Holmes.

— Je constatai, en passant, qu'elle avait écrit une note avant de quitter la maison, mais après avoir été entièrement habillé.

Vous avez justement remarqué que son gant droit était déchiré à l'index, mais pas que le gant et le doigt étaient tachés d'encre violette.

Dans sa précipitation, elle a dû tremper sa plume trop profondément dans l'encrier.

De plus, la marque était toute fraîche, preuve que la demoiselle venait d'écrire lorsqu'elle est venue.

Tout ce que je vous dis là, bien qu'amusant, est tout à fait élémentaire et saute aux yeux.

Mais il faut maintenant, Watson, que je vaque à mes affaires.

Vous serait-il égal de me lire l'annonce du journal donnant la description de M. Hosmer Angel?

Je m'approchai de la fenêtre et je lus ce qui suit:

'Perdu le quatorze, au matin, un individu du nom d'Hosmer Angel, haut d'environ cinq pieds sept pouces, très fortement bâti; teint blafard, cheveux noirs, un peu chauve au sommet de la tête, moustache et épais favoris noirs, lunettes teintées, léger défaut d'élocution.

Était vêtu, la dernière fois qu'il a été vu, d'une redingote noire doublée de soie, d'un gilet noir avec chaîne Albert en or, d'un pantalon en tweed gris; il était chaussé de bottines à élastiques recouvertes de guêtres brunes; était employé dans un bureau de Leadenhall street. Quiconque apporte…'

"That will do," said Holmes. "As to the letters," he added, glancing over them, "they are very commonplace. Absolutely no clue in them as to Mr Angel, save the quotation from Balzac. However, there is one detail that no doubt strikes you."

"They are typewritten," I replied.

"Yes, even the signature. Take a look: 'Hosmer Angel', clearly printed at the bottom of the letters.

I also note that they are dated, but they only bear the very vague address of Leadenhall Street.

This printed signature is for me particularly suggestive; I would even say conclusive."

"Of what?"

"Is it possible, my dear fellow, that you do not understand the importance of it?"

"No, unless, however, the individual in question had the intention of disqualifying these letters, in the case where somebody sues him for breach of trust."

"No, that was not the point. In the meantime, I am going to write two letters, which should settle the matter.

I am addressing one to a firm in the City; the other is to the young lady's stepfather, Mr Windibank, to whom I am inviting here at six o'clock tomorrow evening.

It is preferable, I believe, that we go after the male characters in this comedy.

And now, Doctor, there is nothing we can do until I have received my responses. So, let us think of something else."

My friend's powerful faculty of reasoning and the extraordinary energy that he knew how to deploy to arrive at his goal was familiar to me, having seen them at work.

I also did not doubt for a moment that he had serious reasons for displaying such calmness and self-confidence in the singular mystery he was called upon to fathom.

— Cela me suffit, dit Holmes. Quant aux lettres, ajouta-t-il, en les parcourant, elles sont fort banales; absolument rien qui mette sur la piste de M. Angel, sauf la citation de Balzac. Cependant, il y a un détail qui doit vous frapper.

— C'est qu'elles sont tapées à la machine, répliquai-je.

— Oui, jusqu'à la signature. Voyez-vous: Hosmer Angel, bien imprimé au bas des lettres.

Je remarque aussi qu'elles sont datées, mais qu'elles ne portent que l'adresse très vague de Leadenhall street.

Cette signature imprimée est pour moi très suggestive; je dirais même concluante.

— De quoi?

— Est-il possible, cher ami, que vous n'en compreniez pas l'importance?

— Non, à moins cependant que l'individu en question n'ait eu l'intention de récuser ces lettres, dans le cas où on lui intente un procès pour abus de confiance.

— Non, ce n'était pas le point. En attendant, je vais écrire deux lettres qui devraient régler la question.

J'adresse l'une à une compagnie de la Cité, l'autre au beau-père de la jeune personne, M. Windibank, à qui je donne rendez-vous demain soir, à six heures, ici.

Il est préférable, je crois, de nous en prendre aux personnages masculins de cette comédie.

Et maintenant, docteur, il n'y a plus rien à faire jusqu'à ce que j'aie reçu mes réponses; pensons donc à autre chose.

Je connaissais pour les avoir vues à l'œuvre les puissantes facultés de raisonnement de mon ami et l'énergie extraordinaire qu'il savait déployer pour arriver à son but.

Aussi ne doutai-je pas un instant qu'il n'eût des raisons sérieuses pour montrer tant de calme et d'aplomb dans le singulier mystère qu'il était appelé à sonder.

One time only, in the case of the Irene Adler photograph, had I found him to be at fault, but on the other hand, when I recall the drama of 'The Sign of Four', and the strange circumstances connected with 'A Study in Scarlet', I felt full of confidence in the solution to this most recent problem; and I was convinced that Holmes would find himself, in the near future, on the trail of Miss Sutherland's fiancé.

I left him then, puffing at his black clay pipe, and I ran there where the moral duty called me:

I had a very ill client at the time, whose care absorbed me all the following day.

It did not regain my freedom until close to six o'clock in the evening. I immediately profited from it by jumping into a hansom and have myself chauffeured to Baker Street, all the while fearing that I may have missed the final chapter in this narrative, which was so interesting to me.

I found Sherlock Holmes alone, half asleep, in his armchair. A formidable array of bottles and test-tubes, and the clean but pungent smell of hydrochloric acid, demonstrated to me that he had just indulged in one of his most dear experiments.

"Well, do you have a solution?" I asked right away.

"Yes. It was the bisulphate of..."

"No, no, not that, the mystery!" I cried.

"Oh, sorry! I was still absorbed by today's work.

There was never any mystery in the matter. However, as I was saying yesterday, some of the details are of interest.

I have just one regret to express. It is that no law exists to punish that scoundrel."

"Well who is the guilty party, and why did he abandon Miss Sutherland?"

I had not yet finished formulating my question, and Holmes had not yet opened his mouth to reply to it, when we heard a heavy footfall in the passage, and then a knock at the door.

Une fois seulement, dans l'affaire de la photographie d'Irène Adler, je l'avais trouvé en défaut; mais en revanche, quand je me rappelais le drame de la Marque des Quatre, et les étranges circonstances qui se rattachaient à l'étude de rouge, je me sentais plein de confiance dans la solution de ce dernier problème, et j'étais convaincu qu'à brève échéance, Holmes se trouverait sur la piste du fiancé de miss Sutherland.

Je le laissai donc fumer sa pipe de terre noire, et je courus là où le devoir m'appelait.

J'avais à ce moment un client très malade dont le soin m'absorba toute la journée du lendemain.

Je ne repris ma liberté que vers six heures du soir; j'en profitai aussitôt pour sauter dans un hansom et me faire conduire à Baker street, tout en craignant d'avoir manqué le dénouement de l'histoire qui m'intéressait.

Je trouvai Sherlock Holmes seul, à moitié endormi dans son fauteuil. Un formidable éventail de bouteilles et d'éprouvettes, et l'odeur saine mais âcre de l'acide chlorhydrique me prouvait qu'il venait de se livrer à ses plus chères expériences.

— Eh bien! avez-vous une solution? demandai-je aussitôt.

— Oui, c'était le bisulfate de…

— Non, non, pas ça, le mystère, m'écriai-je.

— Oh! pardon, j'étais encore absorbé par mon travail d'aujourd'hui.

Il n'y a jamais eu aucun mystère dans cette affaire. Cependant, comme je le disais hier, certains des détails sont d'intérêt.

Je n'ai qu'un regret à exprimer, c'est qu'il n'existe pas de loi pour punir ce gredin.

— Mais qui est le coupable et pourquoi a-t-il abandonné miss Sutherland?

Je n'avais pas encore achevé de formuler ma question et Holmes n'avait pas encore ouvert la bouche pour y répondre, que nous entendîmes un pas pesant dans le corridor, et puis un coup à la porte.

"This is the girl's stepfather, Mr James Windibank," said Holmes. "He has written to me to say that he would be here at six o'clock. Come in!" he cried out.	— C'est le beau-père de la jeune fille, M. James Windibank, me dit Holmes. Il m'a écrit qu'il viendrait à six heures. Entrez, cria-t-il.
The man who entered was a sturdy fellow of medium height, some thirty years of age, with pale skin, unpleasantly sweet manners — insinuating even —, and a pair of penetrating eyes.	L'homme qui se présenta était un garçon robuste, de taille moyenne, trente ans environ, à la peau blafarde, aux manières doucereuses, insinuantes même, et avec une paire d'yeux pénétrants.
He shot us a questioning glance, placed his top hat upon the sideboard, and with a slight bow, allowed himself to fall — rather than sit — into the nearest chair.	Il nous jeta un regard inquisiteur, plaça son chapeau haut de forme sur le buffet, et nous ayant légèrement salués il se laissa tomber plutôt qu'il ne s'assit sur la chaise la plus proche.
"Good evening, Mr James Windibank," said Holmes. "I believe that it is indeed you who, with this typed letter, made an appointment with me here for six o'clock?"	— Bonsoir, monsieur James Windibank, dit Holmes, je crois que c'est bien vous qui, par cette lettre tapée à la machine, me donnez rendez-vous ici à six heures.
"Yes, sir. I am afraid that I am a little late, but I am not always free to do as I please.	— Oui, monsieur, j'arrive peut-être un peu en retard, mais je ne suis pas toujours libre de faire ce que je veux.
I am deeply sorry that Miss Sutherland has troubled you about this little matter, for I am of the view that one should not wash one's dirty linen in public.	Je regrette beaucoup que miss Sutherland vous ait ennuyé de cette petite affaire, car je suis d'avis qu'il ne faut pas laver le linge sale en public.
It was quite against my wishes that she came to see you, but she is such an excitable and impulsive girl, as you could have judged for yourselves, that it is difficult to make her go back on a resolution, once she has made it.	C'était tout à fait contre mon gré qu'elle est venue vous voir, mais c'est une personne si nerveuse et impulsive, comme vous avez pu en juger vous-même, qu'il est difficile de la faire revenir sur une résolution qu'elle a prise.
It is true that you have nothing to do with the official police, which has rendered her step less grave. However, it is not pleasant to see such an unfortunate family event as this one spread around.	Il est vrai que vous n'avez rien à voir avec la police officielle, ce qui rendait sa démarche moins grave; il n'est cependant pas agréable de voir ébruiter un événement de famille aussi fâcheux que celui-là.
Besides, it is an unnecessary expense. How could you find this Hosmer Angel?"	En outre, il est une dépense inutile. Comment pourriez-vous retrouver cet Hosmer Angel?
"I indeed plan on finding him," said Holmes calmly. "I have every reason to believe that I am going to succeed."	— Je compte bien le découvrir, dit Holmes avec calme; j'ai toute raison de croire que je vais réussir.
Mr Windibank gave a violent start and dropped his gloves.	M. Windibank eut un tressaillement violent et laissa tomber ses gants.
"I am delighted to hear it," he said.	— Je vous félicite, dit-il.
"It is a curious thing," remarked Holmes, "that a typewriter has almost as much individuality as ordinary handwriting.	— Il est une chose curieuse, dit Holmes, que la machine à écrire ait presque autant d'individualité que l'écriture ordinaire.
Except when they are quite new, you would not find two of them that are absolutely identical.	Excepté lorsqu'elles sont tout à fait neuves, vous n'en trouveriez pas deux qui soient absolument identiques.

Some letters get more worn than others, and some wear only on one side.	Ainsi il y a des lettres qui s'usent plus que d'autres; il y en a qui s'usent d'un côté seulement.

Look at your letter, Mr Windibank: on every 'e' one can see a little smudge, and the upstroke of the 'r' has a slight defect.

I have found fourteen other characteristics, but those that I have cited to you are the most obvious."

"The machine is no doubt a little worn, for at our office it serves us for all our correspondence," responded our visitor, his bright little eyes darting at Holmes.

"That is not all, Mr Windibank," Holmes added; "and we are going to continue this particularly interesting study, which makes me think of writing another monograph about the typewriter, and the role that it can plan in crimes. I have already studied the subject.

I am in the possession of four letters which are supposed to be from the missing man.

They are all typewritten, and in addition to the peculiarity that the e's are smeared and the upstroke of the 'r' is defective, you can see with my magnifying glass, if indeed you want to, the fourteen other characteristic signs to which I have alluded."

Mr Windibank sprang out of his chair and seized his hat.

"I cannot waste time over this sort of fantastic talk, Mr Holmes," he said. "If you can find the man, apprehend him, and let me know when you have done it."

"Certainly," responded Holmes, heading for the door to lock it. "I let you know, then, that I have caught him!"

"What?! Where?" cried Mr Windibank.

He had turned pale, and was glancing about him like a rat caught in a trap.

"Oh, that is enough joking, really enough!" said Holmes suavely. "There is no possible way for you to get out of it, Mr Windibank.

You ruse is rather too transparent, and you have made a very bad compliment to me in saying that it was impossible to solve such a simple problem.

That is right! Sit down and let us have a serious discussion."

Regardez votre lettre, monsieur Windibank: sur tous les 'e' on peut voir une petite tache, et le délié des 'r' a un petit défaut.

J'ai trouvé quatorze autres caractéristiques, mais celles que je vous ai cités sont les plus évidents.

— Il est certain que cette machine est un peu usée, car au bureau elle nous sert pour toute notre correspondance, répondit notre visiteur, en dardant ses petits yeux vifs sur Holmes.

— Ce n'est pas tout, monsieur Windibank, ajouta Holmes, et nous allons continuer cette étude vraiment intéressante qui me suggère la pensée d'une monographie sur la machine à écrire et le rôle qu'elle peut jouer dans les crimes. J'ai déjà étudié le sujet.

Je suis en possession de quatre lettres qui sont censées être de l'homme disparu.

Elles sont toutes écrites à la machine et outre cette particularité que les 'e' sont barbouillés et les déliés des 'r' défectueux, vous pouvez y voir avec ma loupe, si vous le voulez bien, les quatorze autres signes caractéristiques auxquels j'ai fait allusion.

M. Windibank bondit de sa chaise et saisit son chapeau.

— Je ne peux pas perdre de temps sur ce genre de discours fantastique, monsieur Holmes, dit-il. Si vous trouvez l'individu, arrêtez-le, et faites-le moi savoir.

— Certainement, répondit Holmes, en se dirigeant vers la porte pour la fermer à clé. Je vous annonce que je l'ai attrapé!

— Comment? Où? cria M. Windibank.

Il était devenu blême et regardait tout autour de lui comme ferait un rat pris au piège.

— Oh! c'est assez plaisanté, vraiment assez, dit Holmes avec suavité. Il n'y a pas moyen de vous en tirer, monsieur Windibank.

Votre ruse est tout à fait trop transparente, et vous m'avez fait un mauvais compliment en me disant qu'il était impossible de résoudre un problème aussi simple.

C'est ça! Asseyez-vous et causons sérieusement.

Our visitor, becoming increasingly pale and covered in a cold sweat, collapsed into a chair.

"It… it is not actionable," he stammered.

"I am afraid not, Mr Windibank, but between us, it is the most cruel, selfish, and cowardly hoax that I know of.

Now, let me just briefly recount the course of events to you, and you will correct me if I am mistaken."

Our man was huddled up in his chair, with his head leaning on his chest. He appeared profoundly dismayed.

Holmes supported his feet on the corner of the mantelpiece and, his hands in his pockets — according to the custom which was so familiar to him —, began an account which seemed to address himself, rather than the audience.

"The character in question married a woman very much older than himself for her money," he said, "and the daughter contributed, via her small personal fortune, to the wealth of the household.

The revenues from the young person represented a considerable sum for people in this position, and without this extra contribution, they would feel annoyed.

It was therefore necessary to preserve this state of affairs at all cost.

It was obvious that the young girl, with her good and amiable nature, but susceptible to warm affections and even passion, and furthermore gifted with physical qualities, would marry before long, and that, with this marriage, her family would lose two thousand five hundred pounds of private income per year.

So what did her stepfather do to prevent it?

He prevents her from going out and forbids her from seeking the company of people her own age.

However, he fears that this system will not do him any good, for his stepdaughter resists him, asserts her right to independence, and on one particular day declares that she is determined to go to the ball.

Notre visiteur, de plus en plus blême et couvert d'une sueur froide, se laissa tomber sur un fauteuil.

— Ce… ce n'est pas passible de poursuite, balbutia-t-il.

— Je crains que non, monsieur Windibank, mais, entre nous, c'est la supercherie la plus cruelle, la plus égoïste, la plus lâche que je connaisse.

Laissez-moi maintenant vous raconter brièvement le cours des événements, et vous me corrigerez si je me trompe.

Notre homme était blotti dans sa chaise, avec la tête penchée sur la poitrine; il semblait complètement atterré.

Holmes appuya ses pieds sur le manteau de cheminée et, les mains dans les poches selon l'habitude qui lui était familière, il commença un récit qu'il semblait plutôt adresser à lui-même qu'à l'assistance.

— Le personnage en question a épousé, uniquement pour son argent, une femme beaucoup plus âgée que lui, dit-il, et dont la fille contribuait, par sa petite fortune personnelle, à l'aisance de la maison.

Les revenus de la jeune personne représentaient une somme considérable pour des gens de cette position; et sans cet appoint, ils se sentiraient agacés.

Il fallait donc à tout prix que cet état de choses subsistât.

Il était évident que la jeune fille, avec sa nature bonne et aimable, mais sensible à affections vives et même de passion, et douée en plus de qualités physiques, se marierait avant peu et que, par son mariage, sa famille perdrait deux mille cinq cents livres de rente par an.

Alors, que fit son beau-père pour l'empêcher?

Il l'empêche de sortir et lui interdit de rechercher la compagnie des gens de son âge.

Mais il craint que ce système ne lui réussisse pas, car sa belle-fille lui résiste, fait valoir ses droits à l'indépendance et déclare un certain jour qu'elle est décidée à aller au bal.

What does the stepfather devise then? A ruse more honourable to his head than to his heart.	Qu'invente le beau-père cette fois? Une ruse qui fait plus d'honneur à son intelligence qu'à son cœur.
With the aid of his wife he, who becomes his accomplice, he disguises himself: conceals his eyes with tinted glasses, masks his face with a moustache and bushy sideburns, sunk that clear voice into a murmur, and profiting from the myopia of the young person, he presents himself as Mr Hosmer Angel. He thus keeps away the suitors."	Avec l'aide de sa femme, qui devient son complice, il se déguise: cache ses yeux sous des lunettes teintées, masque le visage avec une fausse moustache et d'épais favoris, transforme sa voix en un murmure et, profitant de la myopie de la jeune personne, il se présente comme M. Hosmer Angel; il éloigne ainsi les prétendants.
"It was only a joke at first," groaned our visitor. "We were not thinking that she was getting so carried away."	— Ce n'était qu'une plaisanterie au début, gémit notre visiteur; nous ne pouvions supposer qu'elle s'emballât à ce point.
"Very likely not, but that does not change the fact that the young woman was captivated, and that she never suspected a betrayal, being convinced that her stepfather was in France.	— Probablement pas, mais il n'en est pas moins vrai que la jeune femme était captivée, et qu'elle n'a jamais soupçonné une trahison, persuadée qu'elle était que son beau-père était en France.
She was clearly flattered by the gentleman's attentions, and the undisguised admiration of her mother only increased the effect.	Elle était visiblement flattée par les attentions du gentleman, et l'admiration non déguisée de sa mère en augmentait encore l'effet.
Then Mr Angel risked going to the young woman's place, for he wanted — so as to achieve his goal — to push things as far as possible.	Alors M. Angel se risqua à venir chez la jeune femme, car il voulait, pour arriver à son but, pousser les choses aussi loin que possible.
They met often, and, finally, they got engaged. It was for him the means of preventing the young girl from seeking another suitor.	Ils se rencontrèrent souvent, et, finalement, se fiancèrent. C'était pour lui le moyen d'empêcher la jeune fille de chercher un autre prétendant.
However, this deception could not last indefinitely. The so-called journeys to France by the stepfather were awkward to explain.	Cependant cette ruse ne pouvait pas durer indéfiniment. Les soi-disant voyages en France du beau-père étaient embarrassants à expliquer.
Cost what it may, it was therefore necessary to end the affair, and that in a dramatic manner, so as to leave such an impression on the fiancée that she not think of getting married for a long time.	Il fallait donc à tout prix terminer l'affaire et cela d'une manière dramatique afin d'impressionner à tel point la fiancée qu'elle ne songeât pas de longtemps à se marier.
This explains the vow of fidelity that he made her swear to on the Bible, as well as his allusions to an event that may transpire the very morning of the wedding.	Ceci explique le vœu de fidélité qu'il lui fit jurer sur la Bible et ses allusions à un événement pouvant se produire le matin même du mariage.
The goal of James Windibank was that Miss Sutherland be bound to Hosmer Angel in such a manner, and that she be so unaware of his fate, that for the next ten years, she would not want to listen to any proposition of marriage.	Le but de James Windibank était que miss Sutherland fût liée de telle manière à Hosmer Angel, et qu'elle ignorât si bien son sort, que pendant dix ans elle ne voulût écouter aucune proposition de mariage.

He therefore took her as far as the church, and as the prank was supposed to end there, he disappeared by employing the old trick of entering a carriage via one door, and exiting from it via the other.

Is it not like this, Mr Windibank, that the events have occurred?!"

Our visitor, in listening to this account, had recovered something of his assurance; and, as he got up to respond, a cold irony could be seen upon his face.

"It may or may not be true, Mr Holmes," he said, "but it does not matter; and since you are so sharp, you are not unaware of the fact that it is you, and not me, who is currently transgressing the law.

I have done nothing which falls under the jurisdiction of this law, while you, by keeping that door locked, are making yourself guilty of assault and illegal constraint."

"The law, as you express it so firmly, cannot reach you," said Holmes, opening the door, "and yet you deserve to be severely punished.

If the young woman who you have so shamefully treated had a brother or a friend, he would have cause to flog you.

Strike me down!" he continued, livening up at the sight of the mocking smile upon his interlocutor's face, "it does not form part of my duties to my client, but here is my hunting crop, and I think that I am going to treat myself to…"

He had moved forward to seize the whip, but he did not have the time to do it.

Mr Windibank had slipped away, and tumbling down the stairs, had closed the heavy door of the lobby behind him. From the window we observed him run away at top speed.

"Well there is a scoundrel who has some nerve!" said Holmes gaily, falling back into his chair.

"That fellow is only starting out on the path of crime, and he will go all the way to prison. In any case, this affair has not been completely devoid of interest."

"I must admit that I do not follow your line of reasoning entirely," I remarked.

Il la mena donc jusqu'à l'église et comme la farce devait s'arrêter là, il disparut en employant le vieux truc qui consiste à entrer dans un fiacre par une porte et à en sortir par l'autre.

N'est-ce pas ainsi, monsieur Windibank, que les événements se sont passés?

Notre visiteur, en écoutant ce récit, avait recouvré quelque assurance et, lorsqu'il se leva pour répondre, une froide ironie se lisait sur son visage.

— C'est peut-être vrai ou pas vrai, monsieur Holmes, dit-il, mais peu importe, et puisque vous êtes si malin, vous n'ignorez pas que c'est vous et non pas moi qui transgressez la loi en ce moment.

Je n'ai rien fait qui tombe sous le coup de cette loi, tandis que vous vous rendez coupable de voies de fait et de contrainte illégale, en maintenant cette porte fermée à clef.

— La loi, comme vous le dites fort bien, ne peut vous atteindre, dit Holmes, en ouvrant la porte, et cependant vous méritez d'être sévèrement punis.

Si la jeune femme que vous avez indignement traitée avait un frère ou un ami, il aurait raison de vous fouetter.

Ça alors! continua-t-il en s'animant à la vue du sourire railleur de son interlocuteur, cela ne rentre pas dans mes fonctions, mais voici ma cravache, et je crois que je vais me payer une…

Il s'était avancé pour saisir le fouet, mais il n'en eut pas le temps.

M. Windibank s'était esquivé et dégringolant l'escalier avait refermé derrière lui la lourde porte du hall d'entrée. Par la fenêtre nous l'aperçûmes se sauvant à toutes jambes.

— Voilà un gredin qui a du toupet, dit Holmes gaîment, en retombant sur sa chaise.

Cet individu n'en est qu'à son début dans la voie du crime et il ira jusqu'au bagne. En tout cas, cette affaire n'a pas été complètement dénuée d'intérêt.

— J'avoue que je ne suis pas bien votre raisonnement.

"Well, I am going to explain it to you. I was, from the outset, convinced that this Mr Hosmer Angel had very good reasons for acting in such a bizarre manner, and it was overwhelmingly clear to me that the stepfather was the only individual drawing benefit from the adventure.

Another detail which appeared to me very suggestive was that the stepfather and the fiancé had never appeared together: the one was succeeded by the other.

The tinted spectacles seemed suspect to me, as did that strange voice and those long sideburns.

I suspected a disguise, and my suspicions were confirmed when I noted that Mr Angel's signature was printed — with the obvious intent being to mask a writing style familiar to the young lady.

You see, all these isolated facts, and the other less important ones, were pointing in the same direction."

"But how did you verify them?"

"Since I had found the culprit it was easy to corroborate the facts.

I knew the firm for which this man worked.

I was in possession of the description inserted in the paper.

I sent the description to the director, after having eliminated from it everything which could be part of the disguise: the sideburns, the glasses, and the voice.

I asked him if one of his travellers fitted this description.

As I had already noticed the defects of the typewriter, I also sent a note to Mr Windibank, asking him to come and see me.

As I was expecting, his response was printed, and revealed the same defects.

The same post brought me a letter from Westhouse & Marbank, of Fenchurch Street, saying that, in every respect, James Windibank fitted the description that I had sent."

"And Miss Sutherland?"

"If I tell her the truth, she will not believe me."

— Eh bien! je vais vous l'expliquer. J'étais dès le début, persuadé que ce M. Hosmer Angel avait de fortes raisons pour agir d'une manière aussi bizarre, et il était pour moi clair jusqu'à l'évidence, que le beau-père était le seul individu devant tirer profit de l'aventure.

Un autre détail qui me parut suggestif était que jamais le beau-père et le fiancé n'avaient apparu ensemble: l'un succédait à l'autre.

Les lunettes teintées me semblèrent suspectes aussi bien que cette voix étrange et ces longs favoris.

Je soupçonnai un déguisement; et mes soupçons furent confirmés lorsque je constatai que la signature de M. Angel était imprimée dans le but évident de masquer une écriture familière à la jeune femme.

Et voilà que tous ces faits isolés, et les autres moins importantes, pointaient dans la même direction.

— Mais comment les avez-vous vérifiés?

— Puisque j'avais trouvé le coupable il était facile de corroborer les faits.

Je connaissais l'entreprise pour laquelle cet homme travaillait.

Je possédais également le signalement inséré dans le journal.

J'envoyai le signalement au directeur, après en avoir éliminé tout ce qui pouvait être du déguisement: les favoris, les lunettes et la voix.

Je lui demandai si l'un de ses voyageurs répondait à cette description.

Comme j'avais déjà remarqué les défectuosités de la machine à écrire, j'envoyai aussi un mot à M. Windibank, le priant de venir me voir.

Comme je m'y attendais, sa réponse était imprimée et révélait les mêmes défauts.

Le même courrier m'apporta une lettre de Westhouse et Marbank, de Fenchurch street, me disant que James Windibank répondait en tous points au signalement que j'avais envoyé. Voilà tout.

— Et miss Sutherland?

— Si je lui dis la vérité elle ne me croira pas.

The Five Orange Pips

I have just re-read the notes that I have taken on all the famous cases which were intrusted to Sherlock Holmes between the years '82 and '90.

I find them all so interesting that it is difficult to know which ones to choose and which ones to leave out.

I will leave out those which have been published by the papers, as well as those which do not sufficiently bring out the remarkable talent of my friend — this talent that I am seeking to bring to light.

Among these cases, there are some which have escaped his keen analysis. To relate them here would be futile, since the investigation has not been brought to a conclusion. Some others have only been partially clear up, and have their explanations founded on suspicions and conjecture, rather than the absolute logical proofs which are so dear to Sherlock Holmes.

It is in this last category that I choose an adventure that is as remarkable in its details as it is stirring in its results, and which could not fail to interest my readers, even though several points in connection with it have remained obscure.

The year '87 furnished us with a long series of cases, about which I have taken notes.

I will mention the affair of the Paradol Chamber, that of the Amateur Mendicant Society, which held its superb meetings in the cellar of a furniture warehouse, the facts connected with the loss of the British barque Sophy Anderson, the singular adventures of Grice Paterson on the island of Uffa; and finally the Camberwell poisoning case.

In the latter, as may be remembered, Sherlock Holmes was able to prove, by winding up the dead man's watch, that it had been wound up two hours beforehand, and that its owner must have gone to bed at that time. This deduction was of the greatest importance in clearing up the case.

I will recount all these adventures one day or the other, but I do not know any of them to be stranger than the one that I have the intention of putting before my readers today.

L'Aventure des Cinq Pépins d'orange

Je viens de relire les notes que j'ai prises sur les causes célèbres qui furent confiées à Sherlock Holmes entre les années 82 et 90.

Je les trouve toutes tellement intéressant qu'il est difficile de savoir lesquelles choisir et lesquelles omettre.

Je laisserai de côté celles qui ont été publiées par les journaux et celles qui ne font pas suffisamment ressortir le talent si remarquable de mon ami, ce talent que je cherche à mettre en lumière.

Il y en a aussi, parmi ces causes, qui ont échappé à sa fine analyse; les relater ici serait inutile puisque l'enquête n'a pas abouti; d'autres n'ont été que partiellement éclaircies, et leur explication est plutôt basée sur des soupçons et des conjectures que sur ces preuves d'une logique serrée qui sont si chères à Sherlock Holmes.

C'est dans cette dernière catégorie que je choisis une aventure aussi remarquable dans ses détails qu'émouvante dans ses résultats, et qui ne pourra manquer d'intéresser mes lecteurs, bien que quelques points en soient demeurés obscurs.

L'année 87 nous a fourni une longue série de causes sur lesquelles j'ai pris des notes.

Je citerai l'affaire de la Chambre Paradol, celle de la société des mendiants amateurs qui tenait ses brillantes réunions dans la cave d'un entrepôt de meubles; les faits qui se rattachent à la perte de la barque anglaise Sophie-Anderson; les singulières aventures de Grice Paterson sur l'île d'Uffa, et enfin l'affaire de poison de Camberwell.

Dans cette dernière, Sherlock Holmes a pu prouver, en remontant la montre du défunt, qu'elle avait été remontée deux heures auparavant, et que son propriétaire avait dû se coucher à ce moment-là. Cette déduction a été de la plus haute importance pour éclaircir l'affaire.

Je raconterai toutes ces aventures un jour ou l'autre, mais je n'en connais pas de plus étrange que celle que j'ai l'intention de mettre aujourd'hui sous les yeux de mes lecteurs.

It was in the last days of September, at the time when the storms of the equinox are raging.

All day long, the wind blew and the rain lashed the windows, so much so that even in this immense city of London, the heart of civilisation, we were forced to bow before the forces of nature and endure them.

Towards the evening, the stormed seemed to intensify: the wind in the chimney was producing a noise like the cries of a child.

Sherlock Holmes sat moodily in front of the fireplace, consulting his files, while opposite him, I was immersed in the reading of a maritime story by Clark Russell.

My wife had gone to spend several days at her mother's place, and I had returned to stay temporarily in my old quarters at Baker Street.

"Well," I said, glancing up at my companion, "that was the bell! Who could come tonight? One of your friends, no doubt."

"Excluding yourself, I do not have any friends," Holmes answered. "Besides, I do not encourage visitors."

"A client, perhaps?"

"If so, then the matter must be very serious indeed: the weather is dreadful and the hour is late. However, I think it is some friend of the landlady."

Sherlock Holmes was mistaken, for we heard the sound of steps in the corridor and a knock at the door.

"Come in!" said Holmes, stretching out his arm to bring the lamp closer to the chair destined for the new arrival.

The visitor was a young man of around twenty-two, well-dressed, elegant, and with something of refinement and distinction in his appearance.

The umbrella dripping with water, and his raincoat, did not leave any doubt as to the storm which was raging outside.

I look around him anxiously; his eyes and his pallor revealed an intense emotion.

C'était aux derniers jours de septembre, à l'époque où les tourmentes d'équinoxe font rage.

Toute la journée, le vent avait soufflé et la pluie avait fouetté les fenêtres, si bien que même dans cet immense Londres, cœur de la civilisation, nous étions forcés de nous incliner devant les forces de la nature et de les subir.

Vers le soir la tempête sembla redoubler: le vent dans la cheminée produisait un bruit semblable aux cris d'un enfant.

Sherlock Holmes était tristement assis devant l'âtre, consultant ses dossiers, tandis qu'en face de lui j'étais plongé dans la lecture d'un récit maritime de Clark Russell.

Ma femme était allée passer quelques jours chez sa mère, et j'étais revenu habiter provisoirement mon ancien quartier de Baker street.

— Tiens, dis-je, en levant les yeux sur mon compagnon, on vient de sonner! Qui donc pourrait venir ce soir? Un de vos amis sans doute.

— En dehors de vous, je n'ai pas d'amis, me répondit Holmes; d'ailleurs, je n'encourage pas les visiteurs.

— Un client, peut-être?

— Si c'est le cas, alors l'affaire doit être bien grave: le temps est épouvantable et il se fait tard. Je crois plutôt que c'est quelque ami de la propriétaire.

Sherlock Holmes se trompait, car nous entendîmes un bruit de pas dans le couloir et un coup à la porte.

— Entrez, dit Holmes en étendant le bras pour rapprocher la lampe du fauteuil destiné au nouveau venu.

Le visiteur était un jeune homme d'environ vingt-deux ans, bien mis, élégant, plutôt fin et distingué de tournure.

Son parapluie ruisselant d'eau et son imperméable ne laissaient aucun doute sur la tempête qui sévissait au dehors.

Il regarda autour de lui avec anxiété; ses yeux et sa pâleur révélaient une violente émotion.

"Firstly, I owe you an apology," he said, raising his golden pince-nez to his eyes. "I hope that I am not disturbing you, and I am sorry for bringing traces of the storm and rain into your comfortable apartment."

"Give me your coat and umbrella," said Holmes. "I am going to hang them up and dry them. I suppose that you come from the south-west."

"Yes, from Horsham."

"The clay and chalk mixture which is covering your shoes is quite distinctive."

"I have come to consult you."

"I will gladly give you my opinion."

"And to seek help from you."

"That is not so easy."

"I know you by reputation, Mr Holmes. I know how you saved Major Prendergast in the scandalous affaire involving the Tankerville Club."

"Ah, of course. He was wrongfully accused of cheating at cards."

"The Major asserted that you were capable of solving the most difficult of cases."

"He has perhaps got a little carried away."

"That no one has ever caught you off guard."

"Actually, I have been beaten four times — three times by men, and once by a woman."

"But what is that compared with all your successes?"

"It is true that I have generally been fortunate enough."

"I hope that you will have the same luck with me."

"First, do me the pleasure of bringing your chair closer to the fire, and of explaining your matter to me."

"It is no ordinary one."

"All of the cases that are presented to me are of the same kind. One comes to me as a last resort."

"Well, sir, I do not believe that you have ever seen such a series of events more strange and more bizarre than those which have happened in my family!"

— Je vous fais d'abord mes excuses, dit-il, en levant son pince-nez d'or vers ses yeux. J'espère que je ne vous dérange pas, et je regrette d'apporter dans votre confortable appartement des traces de la tempête et de la pluie.

— Donnez-moi votre manteau et votre parapluie, dit Holmes; je vais les accrocher et les faire sécher. Je suppose que vous venez du sud-ouest.

— Oui; de Horsham.

— Le mélange d'argile et de craie qui recouvrent vos chaussures est tout à fait distinctif.

— Je suis venu pour vous consulter.

— Je vous donnerai volontiers mon avis.

— Et pour chercher du secours auprès de vous.

— Ceci est moins facile.

— Je vous connais de réputation, monsieur Holmes; je sais comment vous avez sauvé le major Prendergast dans l'affaire scandaleuse du Club Tankerville.

— Ah! oui; on l'accusait injustement d'avoir triché au jeu.

— Le major m'a affirmé que vous étiez capable de résoudre les cas les plus difficiles.

— Il s'est peut-être beaucoup avancé.

— Qu'on ne vous avait jamais pris en défaut.

— Pardon, j'ai été battu quatre fois: trois fois par des hommes, et une fois par une femme.

— Qu'est-ce que cela en comparaison de tous vos succès?

— Il est vrai que j'ai été généralement assez heureux.

— J'espère que vous aurez la même chance avec moi.

— Faites-moi le plaisir d'abord d'approcher votre chaise du feu et de m'exposer votre affaire.

— C'est un cas peu ordinaire.

— Toutes les causes que l'on me présente sont du même genre; on vient à moi en dernier ressort.

— Eh bien! monsieur, je ne crois pas que vous ayez jamais vu une série d'évènements plus mystérieux et plus bizarres que ceux qui se sont passés dans ma famille!

"You arouse my curiosity," said Holmes. "Please, tell me the essential facts first, and I will then pose you some questions about the details which seem to me to have importance."

The young man pulled his chair up and warmed his feet by the flame of the fireplace.

"My name," he said, "is John Openshaw, but my own life story has little to do with this awful business.

What I am going to explain to you is a hereditary matter, and so that you fully understand, I am forced to go back several years.

"You need to know that my grandfather had two sons: my uncle Elias and my father Joseph.

My father had a small factory at Coventry, which he enlarged at the time of the invention of the bicycle.

He took out a patent on the Openshaw puncture-proof tire, and did such good business that he was able to sell it and live richly.

"My uncle Elias emigrated to America when he was very young and became a planter in Florida, where he himself became rich.

At the time of the war he fought in Jackson's army, and afterwards under Hood, who appointed him as colonel.

When Lee laid down his arms, my uncle returned to his plantation, and he remained there for three or four years.

About 1869 or 1870 he returned to Europe and purchased a property in the county of Sussex, near Horsham.

He had amassed a very considerable fortune in the States, and he left the country because of his aversion to African-Americans, and his dislike of the Republic, which had liberated them.

He was an eccentric, nervous, and intense — bad-tempered even — man, and not of a particularly sociable disposition.

During his entire stay in Horsham, I doubt that he agreed to go to town once.

He had a garden and two or three fields around his house. It is there that he used to take his exercise.

Very often, however, he used to remain for entire weeks in his room.

— Vous excitez ma curiosité, dit Holmes, je vous en prie, racontez-moi d'abord les principaux faits, et je vous poserai ensuite des questions sur les détails qui me paraîtront avoir de l'importance.

Le jeune homme avança sa chaise et chauffa ses pieds à la flamme du foyer.

— Mon nom, dit-il, est John Openshaw, mais ma propre histoire a peu de rapport avec cette horrible affaire.

C'est un cas d'hérédité que je vais vous exposer et afin que vous le compreniez bien je suis forcé de remonter à plusieurs années en arrière.

Il faut que vous sachiez que mon grand-père avait deux fils: mon oncle Elias et mon père Joseph.

Mon père avait à Coventry une petite usine qu'il agrandit à l'époque de l'invention de la bicyclette.

Il avait pris un brevet pour le pneu increvable Openshaw, et il fit de si belles affaires qu'il put la vendre et vivre dans l'aisance.

Mon oncle Elias émigra tout jeune en Amérique et devint planteur en Floride, où il s'enrichit de son côté.

Au moment de la guerre, il combattit dans l'armée de Jackson, puis, sous les ordres de Hood qui le nomma colonel.

Quand Lee déposa les armes, mon oncle regagna sa plantation et y resta trois ou quatre ans.

Vers 1869 ou 1870 il revint en Europe et acheta une propriété dans le comté de Sussex, près de Horsham.

Il avait amassé une belle fortune en Amérique; et il quitta le pays en raison de son aversion pour les Afro-Américains, et de son aversion pour la République qui les avait affranchis.

C'était un homme original, nerveux, intense, emporté même et d'humeur peu sociable.

Pendant tout son séjour à Horsham, je doute qu'il ait consenti à aller une seule fois à la ville.

Il avait un jardin et deux ou trois champs autour de sa maison; c'est là qu'il prenait de l'exercice.

Très souvent, cependant, il restait des semaines entières dans sa chambre.

He drank a great deal of brandy, was a heavy smoker, loved the solitude, and did not seek to have friends — even his brother seemed to be of no interest to him."

"As for me, a child around twelve years of age, I was treated differently. My uncle became fond of me.

In 1878, some eight or nine years after his arrival in England, he asked my father to entrust me to him, and he was very good to me.

When he was not in a state of intoxication, he used to love to play backgammon and draughts with me.

He let me supervise his servants and reply to his suppliers, such that at the age of sixteen, I had become quite the master of the house.

I kept all the keys and was able to go where liked, on condition that I did not disturb him in his aloneness.

However, there was a room in the attics — a kind of storage room —, which remained invariably locked, and access to it was forbidden to me as well as anyone else.

With my childhood curiosity, I tried to look through the keyhole, but I was never able to see anything more than a pile of trunks and old stuff: the kind of things one would expect to see in an attic.

"One day, in March, 1883, I saw a letter from overseas on the breakfast table. It was in front of the colonel's plate.

It was not a common thing for him to receive letters, for he paid his bills upfront and never had any friends.

'From India!' he said, as he took it up, 'and the postmark is from Pondicherry! What can this be?'

He opened it in a hurry: five orange pips slipped out of it and fell on his plate.

I began to laugh, but I stopped short in seeing the expression on his face: his lips had clenched up, his eyes had become haggard, and his skin had taken on the colour of putty.

He was glaring at the envelope, which he still held in his trembling hand.

Il buvait beaucoup d'eau-de-vie, il était gros fumeur, aimait la solitude et ne cherchait pas à avoir des amis; son frère même paraissait lui être indifférent.

Quant à moi, bambin d'environ douze ans, je fus traité différemment. Mon oncle me prit en affection.

En 1878, huit ou neuf ans après son arrivée en Angleterre, il demanda à mon père de me confier à lui et fut très bon pour moi.

Quand il n'était pas en état d'ébriété il aimait à jouer avec moi au trictrac et aux dames.

Il me laissait superviser ses domestiques et répondre à ses fournisseurs, si bien qu'à seize ans j'étais devenu tout à fait le maître de la maison.

J'avais toutes ses clefs et pouvais aller là où je voulais, à condition de ne pas le déranger dans sa solitude.

Pourtant, il y avait dans les mansardes une chambre, une sorte de débarras, qui restait invariablement fermée à clé et dont l'accès était interdit à moi aussi bien qu'à tout autre.

Avec ma curiosité d'enfant j'avais bien essayé de regarder par le trou de la serrure, mais je n'avais pu apercevoir qu'un amas de vieilles malles et de vieilleries du genre de celles que l'on voit d'habitude dans un grenier.

Un jour, en mars 83, je vis une lettre en provenance de l'étranger sur la table de la salle à manger. Il était devant l'assiette du colonel.

Ce n'était pas chose commune pour lui de recevoir des lettres car il payait comptant ses factures et n'avait pas d'amis.

— Des Indes, dit-il, en prenant la lettre, et le cachet de la poste est de Pondichéry! Qu'est-ce que cela peut être ?

Il l'ouvrit à la hâte: cinq pépins d'orange s'en échappèrent et tombèrent sur son assiette.

Je me mis à rire, mais je m'arrêtai court en voyant l'expression de sa figure: ses lèvres s'étaient serrées, ses yeux étaient devenus hagards, sa peau avait pris une couleur de mastic.

Il lançait un regard furieux à l'enveloppe qu'il tenait toujours dans sa main tremblante.

'K. K. K.!' he shrieked. 'My God, my sins have caught up with me!'

'What is the matter, uncle?' I cried.

'Death,' he said, and rising from the table, he retired to his room.

I was terrified. I picked up the envelope and saw — written in red ink on the reverse side, just above the gummed part — the letter K repeated three times.

The envelope contained nothing else, save the five dried pips.

What could be the reason for this bout of terror?

I left the breakfast table, and as I ascended the stairs, I met my uncle, who was coming down.

He was holding an old rusty key in his hand, which must have been the one to the attic.

He was also carrying a small brass box — like a cash box.

'They may do what they like, but I will thwart their plot,' he vowed.

'Tell Mary to prepare a fine fire in my room, and send for Fordham, the lawyer from Horsham.'

I executed his orders, and when the lawyer arrived, I brought him to my uncle's room, as was his request.

The fire was crackling in the fireplace, and I noticed that there was a pile of black, fluffy ashes — that of burnt papers — in the grate, while close by, the brass box stood open and empty.

As I glanced at the box, I noticed that the lid bore the triple K which I had seen on the envelope that very morning.

'It is my wish, John,' said my uncle, 'that you serve as witness to my will. I bequeath my estate, with all its advantages and all its disadvantages, to my brother, your father, who will no doubt leave it to you as an inheritance.

If you can enjoy it in peace, so much the better; if not, believe me, my friend, leave it to your worst enemy.

I am sorry to leave you in this uncertainty, but I cannot currently foresee how things will turn out.

K.K.K., s'écria-t-il, mon Dieu! Mes péchés m'ont rattrapé.

— Qu'y a-t-il, mon oncle? m'écriai-je.

— La mort, répondit-il; et se levant de table il se retira dans sa chambre.

J'étais terrifié. Je ramassai l'enveloppe et je vis, écrite à l'encre rouge au dos juste au-dessus de la partie gommée, la lettre K répétée trois fois.

L'enveloppe ne contenait pas autre chose que les cinq pépins secs.

Quelle pouvait bien être la raison de cet accès de terreur?

Je quittai la table du petit déjeuner et, en montant l'escalier, je rencontrai mon oncle qui descendait.

Il tenait à la main une vieille clé rouillée qui devait être celle du grenier.

Il portait aussi une petite boîte en cuivre qui ressemblait à une caisse.

— Ils peuvent faire ce qu'ils veulent, mais je déjouerai leur complot, dit-il en jurant.

Dis à Marie de faire un bon feu dans ma chambre et envoie chercher Fordham, le notaire de Horsham.

J'exécutai ses ordres et quand l'avoué arriva, je lui amenai à la chambre de mon oncle, selon le désir exprimé par celui-ci.

Le feu pétillait dans la cheminée, mais je remarquai qu'il y avait dans la grille un amas de cendres noires et légères provenant de papiers brûlés; à côté, la boîte de cuivre était ouverte et vide.

En regardant la boîte je m'aperçus que le couvercle portait le triple K que j'avais vus le matin même sur l'enveloppe.

— Je désire, John, me dit mon oncle, que vous serviez de témoin à mon testament: je lègue ma propriété avec tous ses avantages et ses désavantages à mon frère, votre père, qui vous la laissera sûrement en héritage.

Si vous pouvez en jouir, tant mieux; sinon, croyez-moi, mon ami, léguez-la à votre pire ennemi.

Je regrette de vous laisser dans cette incertitude, mais actuellement je ne peux pas prévoir comment les choses tourneront.

Kindly sign this paper at the place that Mr Fordham indicates to you.'"

"I signed the will and the lawyer took it away.

As you can imagine, this one incident moved me deeply: I thought about it for a long time; I examined the problem from all points of view, without being able to solve it; and I lived with a vague feeling of dread, which nevertheless diminished over time.

Moreover, nothing came to disturb our existence.

However, my uncle was no longer the same: he drank more than ever and became less and less sociable.

He spent most of his time shut up in his room, with the door locked from the inside. Sometimes, he came out of the house like a madman, and paced up and down in the garden, revolver in hand, screaming that he was not afraid of anyone, and neither man nor devil could keep him cooped up like a sheep in its pen.

As soon as these outbursts were over, he used to rush at the door, lock it, and place a safety bar on the inside, like a man who can no longer tough it out against a terror entrenched inside himself.

At such times, even on a cold day, I used to observe his face covered in sweat."

"Well, Mr Holmes to come to the end of this drama, and not to abuse your patience, I will tell you that on one particular night, he went on an escapade that was fatal to him, for we found his lifeless body at the end of the garden, face down in a pond filled with stagnant water.

Since his body bore no signs of violence, the water was hardly two feet deep, and furthermore, the victim was known for his eccentricity, the jury did not hesitate to conclude a suicide.

But I, who was familiar with his fear of death, was far from believing that he had sought it.

However, no one pursued the investigation any further, and my father entered into possession of the inheritance: the estate and some fourteen thousand pounds in the bank."

Veuillez signer ce papier à l'endroit que M. Fordham vous indique.

Je signai le testament et le notaire l'emporta.

Comme vous pouvez l'imaginer, ce seul incident m'émotionna beaucoup: j'y réfléchis longuement, j'examinai la question à tous les points de vue sans pouvoir la résoudre, et je vivais avec un vague sentiment de terreur qui s'atténua, toutefois, avec le temps.

Rien, du reste, ne vint troubler notre existence.

Mon oncle, cependant, n'était plus le même: il buvait plus que jamais et devenait de moins en moins sociable.

Il passait la plus grande partie de son temps enfermé dans sa chambre, avec la porte fermée à clé à l'intérieur; parfois il sortait de la maison comme un fou, et arpentait le jardin, revolver au poing, en criant qu'il n'avait peur de personne et que ni homme ni diable ne sauraient le garder parqué comme un mouton dans son enclos.

Dès que ces accès étaient passés, il se précipitait sur la porte, la fermait à clef, et plaçait à l'intérieur une barre de sûreté, agissant comme un homme qui ne peut se soustraire plus longtemps à une terreur enracinée au dedans de lui-même.

Dans ces moments-là, même par une journée froide, j'avais remarqué que son visage était couvert de sueur.

Enfin, monsieur Holmes, pour en arriver au dénouement et ne pas abuser de votre patience, je vous dirai qu'une certaine nuit, il fit une escapade qui lui fut fatale, car nous le retrouvâmes sans vie à l'extrémité du jardin, la face plongée dans un bassin rempli d'eau croupie.

Comme son corps ne portait aucune trace de violence, que le bassin mesurait à peine deux pieds de profondeur, et qu'en plus la victime était connue pour son excentricité, le jury n'hésita pas à conclure à un suicide.

Mais moi, qui connaissais sa peur de la mort, j'étais loin de croire qu'il l'eût cherchée.

Mais personne ne poussa plus loin l'enquête et mon père entra en possession de l'héritage: le domaine et environ quatorze mille livres à la Banque.

"One moment," Holmes interrupted, "your account is one of the most intriguing that I have ever heard.

Tell me the precise date your uncle received the letter, and that of his supposed suicide."

"The letter arrived on March 10, 1883. His death took place seven weeks later, on the night of May 2nd."

"Thank you, and now proceed."

"When my father took possession of the Horsham property, the attic — so well locked until that day — was, at my request, carefully examined.

We did indeed find the brass box there, but it was absolutely empty.

On the inside of the cover was a paper label with the initials of K.K.K. repeated upon it, as well as the following inscription: 'Letters, memoranda, receipts, and a register'.

These, we presume, indicated the nature of the papers destroyed by Colonel Openshaw.

There were also some papers and notebooks relating to my uncle's life in America.

Some of these notebooks dated back to the war, and showed that my uncle, in doing his duty, had merited the reputation of a brave soldier.

Some others, which dated to the reconstruction of the Southern states, were mostly concerned with politics, and revealed the energetic opposition that he must have had to the politicians from the North."

"Well, my father took up residence in Horsham at the beginning of '84, and all went as well as possible with us until the January of '85.

On January 4, we were together at the breakfast table. Suddenly, my father gave a sharp cry of surprise:

In one hand he was holding an envelope that he had just opened, and in the other were five dried orange pips.

He had always made fun of what he called 'my ghost story', but with this story becoming a reality for him, he was bewildered, frightened even."

"'What the devil does this mean, John?' he stammered.

— Un instant, interrompit Holmes; votre récit est un des plus intrigants que j'aie jamais entendus.

Dites-moi la date précise à laquelle votre oncle a reçu la lettre, et celle de son supposé suicide.

— La lettre arriva le 10 mars 1883. Sa mort eut lieu sept semaines plus tard, dans la nuit du 2 mai.

— Merci; et maintenant continuez.

— Quand mon père prit possession de la propriété de Horsham, le grenier, si bien fermé jusqu'à ce jour, fut, à ma demande, soigneusement visité.

Nous y trouvâmes bien la boîte de cuivre, mais elle était absolument vide.

À l'intérieur du couvercle se trouvait une étiquette en papier avec les initiales K.K.K. répétées et l'inscription suivante: 'Lettres, memoranda, reçus et liste'.

Cette inscription, nous présumons, indiquait la nature des papiers détruits par le colonel Openshaw.

Il y avait aussi des papiers et des carnets relatifs à la vie de mon oncle en Amérique.

Quelques-uns de ces carnets dataient de la guerre, et prouvaient que mon oncle, en faisant son devoir, avait mérité la réputation de brave soldat.

D'autres qui dataient de la reconstruction des États du Sud, traitaient surtout de politique et révélaient l'énergique opposition qu'il avait dû faire aux politiciens venus du Nord.

Eh bien, mon père s'établit à Horsham au commencement de 84, et tout alla aussi bien que possible jusqu'en janvier 85.

Le 4 janvier, nous étions ensemble à la table du petit déjeuner. Soudain, mon père jeta un cri aigu de surprise.

Il tenait d'une main une enveloppe qu'il venait d'ouvrir et de l'autre cinq pépins d'orange desséchés.

Il s'était toujours moqué de ce qu'il appelait 'mon histoire de revenant', mais cette histoire devenant pour lui réalité, il en fut ahuri, effrayé même.

— 'Que diable cela veut-il dire, John?' grommela-t-il.

I felt frozen with fear. 'It is K. K. K.,' I said.

He looked at the inside of the envelope.

'So it is,' he cried. 'Here are the very letters; but what is this written above them?'

'Put the papers on the sundial,' I said, looking over his shoulder.

'What papers? What sundial?' he asked.

'The sundial in the garden. There is no other one,' I said; 'but the papers must be those which have been destroyed.'

'Pooh!' he said, gathering his courage. 'We are in a civilized country. Enough of the absurdities! Where does this come from?'

'From Dundee,' I answered, glancing at the postmark.

'It is a bad joke,' he said. 'I do not give a damn about this story of sundials and papers?'

'If I were you, I would certainly speak to the police about it,' I said.

'No, no, I do not want people to laugh at me.'

'Then let me do it.'

'No, I forbid you. I am not keen to spread around such stupid things.'"

"My father was very obstinate. I was wasting my time trying to convince him. Nevertheless, my heart was full of dark forebodings.

On the third day after the arrival of the letter, my father went to visit one of his old friends, Major Freebody, who commands one of the forts at Portsdown Hill.

Deep down, I was glad to see him go out, for it seemed to me that he was safer away from the house, but how I was wrong!

On the second day of his absence I received a telegram from the major, imploring me to come at once.

My father had fallen into one of the quarries which abound in the surrounds, and had been found unconscious, with a shattered skull.

I hurried to him, but he passed away without recovering consciousness.

Je me sentis glacé d'effroi. 'C'est le K.K.K.,' dis-je.

Il regarda à l'intérieur de l'enveloppe.

— 'C'est bien cela!' s'écria-t-il. 'Voilà les mêmes lettres; mais qu'y a-t-il d'écrit au-dessus?'

'Placez les papiers sur le cadran solaire,' dis-je, en regardant par-dessus son épaule.

— 'Quels papiers? Quel cadran solaire?' demanda-t-il.

— 'Le cadran solaire du jardin; il n'y en a pas d'autre,' dis-je; 'mais ces papiers doivent être ceux qui ont été détruits.'

— 'Peuh!' dit-il, rassemblant son courage: 'nous sommes dans un pays civilisé; trêve de niaiseries. D'où cela vient-il?'

— 'De Dundee,' répondis-je, en regardant le cachet de la poste.'

— 'C'est une mauvaise plaisanterie,' dit-il. 'Je n'ai que faire de cette histoire de cadran solaire et de papiers.'

— 'À votre place, j'en parlerais certainement à la police,' dis-je.

— 'Non, non, je ne veux pas qu'on se moque de moi.'

— 'Alors, laissez-moi faire.'

— 'Je vous défends de bouger. Je ne tiens pas à ébruiter de telles bêtises.'

Mon père était très obstiné. Je perdais mon temps à essayer de le convaincre. Néanmoins, mon cœur était plein de pressentiments sombres.

Le troisième jour après l'arrivée de la lettre, mon père alla faire une visite à un de ses vieux amis, le major Freebody, qui commande un des forts de Portsdown Hill.

Au fond, j'étais content de le voir sortir, car il me semblait qu'il était plus en sûreté loin de la maison; mais combien je me trompais!

Le deuxième jour de son absence, je reçus un télégramme du major me demandant de venir sur l'heure.

Mon père était tombé dans une des carrières qui abondent aux environs, et avait été retrouvé, sans connaissance, le crâne fracassé.

Je me précipitai vers lui, mais il est décédé sans avoir repris conscience.

It seems that he had left Fareham at dusk. He was not familiar with the countryside, and was unaware that the road ran alongside quarries with no fence protecting them. A fall in these circumstances was not surprising, and the jury determined it was a case of accidental death.

After having examined the circumstances concerning the death of my father, I ruled out the possibility of a murder.

His body bore no sign of violence; theft could not have been the motive for the crime; and, moreover, no one had seen strangers lurking in the vicinity.

Despite this, my mind was ill at ease, and I could not stop myself from believing that a plot had been hatched against him."

"I was my father's sole heir, and if I consented to enjoying his estate, it is because I was convinced that our troubles were linked to an incident in my uncle's life, and that I would be pursued in any place that I take refuge."

"It was in January, '85, that my poor father met his end, and two years and nine months have passed since then.

During this time, I have lived happily at Horsham, and I had started to believe that this curse had passed for the family, and that our misfortunes had ended with the last generation.

Alas, I had boasted too soon, for yesterday morning the fatal blow fell upon me, as it had done upon my father."

The young man took out a crumpled envelope from his waistcoat and turned toward the table. He shook the envelope and made five dried orange pips fall out.

"This is the envelope," he continued. "The postmark is London — eastern quarter.

On the inside are the very words that appeared on the message sent to my father: 'K. K. K.', and then, 'Put the papers on the sundial.'"

"What have you done?" asked Holmes.

"Nothing."

"Nothing?"

Il paraît qu'il avait quitté Fareham au crépuscule; il ne connaissait pas le pays et ignorait que le chemin longeât des carrières qu'aucune barrière ne défendait; une chute n'avait rien de surprenant dans ces conditions et le jury se prononça pour un cas de mort accidentelle.

Après avoir examiné les circonstances qui avaient trait à la mort de mon père, j'écartai la possibilité d'un meurtre.

Son corps ne portait aucun signe de violence; le vol n'aurait pu être le mobile du crime; et du reste on n'avait pas vu d'étrangers rôder aux alentours.

Malgré cela, j'avais l'esprit à la torture et je ne pouvais m'empêcher de croire qu'un complot avait été ourdi contre lui.

J'étais l'unique héritier de mon père; et, si je consentis à jouir de ses biens, c'est parce que j'étais convaincu que nos malheurs se rattachaient à un incident de la vie de mon oncle et que je serais poursuivi dans quelque endroit que je me réfugiasse.

Ce fut en janvier 85 que mon pauvre père mourut; et deux ans et neuf mois se sont écoulés depuis lors.

Pendant ce temps, j'ai vécu heureux à Horsham; et j'avais commencé à croire que cette malédiction était passée pour ma famille, et que nos malheurs s'étaient éteints avec la génération précédente.

Hélas! je m'étais vanté trop tôt, car hier matin le coup fatal s'est abattu sur moi, comme jadis sur mon père.

Le jeune homme sortit de son gilet une enveloppe froissée et se tourna vers la table. Il secoua l'enveloppe et en fit tomber cinq pépins d'orange desséchés.

Voici l'enveloppe, continua-t-il. Le cachet de la poste est de Londres, quartier Est.

À l'intérieur sont les mêmes lettres qui figuraient sur le message envoyé à mon père: 'K.K.K.' et puis cette phrase: 'Placez les papiers sur le cadran solaire.'

— Qu'avez-vous fait? demanda Holmes.

— Rien.

— Rien?

"To tell the truth," he responded, hiding his face in his thin, white hands, "I have felt helpless. I have felt like an unfortunate rabbit when a snake moves towards it.

I feel pursued by an invincible and inexorable fate, capable of thwarting all our efforts."

"Ah bah!" cried Sherlock Holmes. "You must act, man, or you are lost. Only energy can pull you out of it. This is not the time to despair."

"I have consulted the police."

"Ah! Well?"

"They listened to my story with a smile. The inspector is no doubt of the opinion that these letters are all practical jokes, that the successive deaths of my relations were the result of accidents, as the jury stated, and that they had no connection with these mysterious tales."

Holmes shook his clenched fists in the air. "Oh, what incredible stupidity!" he cried.

"Although, they have granted me a police officer to guard the house."

"Has he come with you tonight?"

"No, his orders were to stay in the house."

Once again, Holmes waved his fists in the air.

"Why did you come to see me," he cried, "but, above all, why did you not come sooner?"

"I did not know about you. It was only today that I shared my concerns to Major Prendergast; and it is he who advised me to come and see you."

"It is already two days that you have been in possession of the letter. You should have come before this. You have no further evidence, I suppose, than that which you have explained to me — no other detail which might put us on the right track?"

"Yes, there is just one thing," said John Openshaw.

He rummaged in his coat pocket, and drew from it a piece of discoloured, blue paper, which he put down on the table.

— À vrai dire, répondit-il, en cachant sa tête dans ses mains fines et pâles, Je me suis senti impuissant. Je me suis senti comme un malheureux lapin quand un serpent se déplace vers lui.

Je me sens poursuivi par une invincible et inexorable fatalité, capable de déjouer tous nos efforts.

— Ah bah! s'écria Sherlock Holmes. Il faut agir, mon cher camarade, ou vous êtes perdu. L'énergie seule peut vous tirer de là, et ce n'est pas le moment de désespérer.

— J'ai consulté la police.

— Ah! Eh bien?

— Ils ont écouté mon histoire en souriant. L'inspecteur s'imagine sans doute que ces lettres sont des plaisanteries, que la mort successive de mes parents est le résultat d'accidents, comme le jury l'a déclaré, et qu'elle n'a rien de commun avec ces histoires mystérieuses.

Holmes agita en l'air ses poings fermés, en criant, Oh! stupidité incroyable!

— Pourtant ils m'ont octroyé un agent de police pour garder la maison.

— Est-il venu avec vous cette nuit?

— Non, il a l'ordre de rester dans la maison.

Encore une fois, Holmes agita ses poings en l'air.

— Pourquoi êtes-vous venu me voir? s'écria-t-il. Mais surtout, pourquoi n'êtes-vous pas venu plus tôt?

— Je ne savais pas pour vous. C'était aujourd'hui seulement que j'ai fait part de mon effroi au major Prendergast; et c'est lui qui m'a conseillé d'aller vous voir.

— Voilà déjà deux jours que vous avez la lettre. Vous auriez dû venir avant. Vous n'avez aucune autre preuve, je suppose, que celle que vous venez de m'exposer; aucun autre détail qui puisse nous mettre sur la bonne voie?

— Si, il y a juste une chose, dit John Openshaw.

Il fouilla dans la poche de sa veste et en sortit un bout de papier bleu décoloré qu'il posa sur la table.

"I vaguely remember having observed," he added, "on the day when my uncle burned the papers, that the unburned margins of the papers which lay among the ashes had the same colour as this one.

I found this single sheet on the floor of his room, and I am inclined to believe that it has fluttered out from among the others, thus escaping the fire.

Except that this sheet mentions the orange pips, I do not see that it is an important clue.

I think that it is a page from some private diary. In any case, it is indeed my uncle's handwriting."

Holmes moved the lamp, and the two of us examined the sheet of paper, its torn edge indicating that it had indeed been torn out of a book.

At the top, we read, 'March, 1869', and underneath, the following enigmatical notes:

The 4th. Hudson came. Same old schedule.

The 7th. Sent the pips to McCauley, Paramore, and John Swain, of St. Augustine.

The 9th. McCauley cleared.

The 10th. John Swain cleared.

The 12th. Visited Paramore. All well.

"Thank you!" said Holmes, folding up the paper and returning it to our visitor.

"And now you do not have a moment to lose. We cannot even spare the time to discuss what you have told me. You must get home and act at once."

"What shall I do?"

"There is but one thing to do. It must be done at once.

You must put this piece of paper into the brass box which you have spoken to me about.

You will enclose a note stating, in formal terms, that your uncle has burned all the other papers except that one.

Having done this, you will place the box on the sundial, as directed. Do you understand me?"

"Perfectly."

— Je me souviens vaguement avoir remarqué, ajouta-t-il, le jour où mon oncle brûla ses papiers, que les bords des papiers non consumés qui se trouvaient parmi les cendres, avaient la même couleur que celui-ci.

J'ai trouvé cette seule feuille sur le parquet de sa chambre, et je suis porté à croire qu'elle a voltigé loin des autres, échappant ainsi à l'incendie.

Sauf que cette feuille mentionne les pépins d'orange, je ne vois pas qu'elle soit un indice important.

Je pense que c'est une page de quelque journal intime. En tout cas, c'est bien l'écriture de mon oncle.

Holmes déplaça la lampe et tous les deux nous nous penchâmes sur la feuille de papier dont le bord déchiré indiquait qu'elle avait été arrachée d'un livre.

En tête, on lisait: 'Mars 1869', et en dessous, ces notes énigmatiques:

'Le 4: Hudson est arrivé. Même vieux programme.'

'Le 7, envoyé les pépins à Mac Caulay à Paramore et à John Swain de Saint-Augustin.'

'Le 9, Mc Caulay dégagé.'

'Le 10, John Swain dégagé.'

'Le 12, visité Paramore. Tout va bien.'

— Merci, dit Holmes, repliant le papier et le rendant à notre visiteur.

Et maintenant vous n'avez pas un instant à perdre. Nous ne pouvons même pas nous accorder le temps de discuter ce que vous m'avez dit. Allez chez vous et agissez au plus vite.

— Que dois-je faire?

— Il n'y a qu'une chose à faire. Il doit être fait immédiatement.

Il faut mettre cette feuille de papier dans la boîte en cuivre dont vous m'avez parlé.

Vous y joindrez une note spécifiant, dans des termes formels, que votre oncle a brûlé tous les autres papiers sauf celui-là.

Ensuite, vous placerez la boîte sur le cadran solaire. Me comprenez-vous?

— Parfaitement.

"For the moment, do not think of revenge, or anything of the sort.

We will arrive there through legal means. We have to weave our web, where as theirs is already woven.

The first thing to do is remove the pressing danger which threatens you. Then we need to clear up the mystery and punish the guilty parties."

"Thank you," said the young man, rising and putting his overcoat back on. "You have brought me back to life, and give me reason to hope. I am going to follow your advice."

"Do not lose a moment. And, above all, look out for yourself, for you are certainly threatened by a real and imminent danger. How are you going back?"

"By train from Waterloo."

"It is not yet nine o'clock. The streets will be crowded, so I think that you will be safe. However, do not forget that you cannot guard yourself too closely."

"I am armed."

"Excellent. Tomorrow I shall start to examine your case."

"I shall see you at Horsham, then?"

"No, your secret lies hidden in London. It is there that I shall seek it."

"Fine! I will come back and see you in a day or two with news about the box and the papers. I will follow your advice to the letter."

He shook hands with us and went away.

Outside, the wind still howled and the rain lashed against the windows.

This strange, wild story seemed to have been brought to us by the fury of the elements — driven in upon us like a layer of seaweed one stormy day —, and seemed also destined to be swallowed up by the same sea waters that had brought it.

Sherlock Holmes was sitting, in silence, with his head tilted forward. His eyes never left the flame which shone in the fireplace.

Then he lit his pipe and, leaning back in his armchair, began to watch the smoke spirals as they chased each other towards the ceiling.

— Pour le moment, ne pensez ni à la vengeance ni à autre chose de semblable.

Nous y arriverons par les moyens légaux. Nous devons tisser votre toile, tandis que la leur est déjà tissée.

La première chose à faire est d'écarter le danger qui vous menace. Ensuite, nous devons éclaircir le mystère et punir les coupables.

— Merci, dit le jeune homme, en se levant et en remettant son pardessus. Vous m'avez ramené à la vie, et me donnez des raisons d'espérer. Je vais suivre vos conseils.

— Ne perdez pas un instant, et surtout veillez sur votre sécurité car vous êtes certainement menacé par un réel et imminent danger. Comment allez-vous rentrer?

— Par le train qui part de Waterloo.

— Il n'est pas encore neuf heures. Les rues seront bondées, donc je pense que vous serez en sûreté. Rappelez-vous, pourtant, que vous ne veillerez jamais trop sur vous-même.

— Je suis armé.

— Parfait! Demain je vais me mettre à étudier votre affaire.

— Alors, je vous verrai à Horsham?

— Non; c'est à Londres que se cache votre secret; c'est là que je veux le chercher.

— Eh bien! je reviendrai vous voir dans un ou deux jours avec des nouvelles sur la boîte et sur les papiers. Je suivrai vos avis sur toute la ligne.

Il nous donna une poignée de main et s'en alla.

Au dehors, le vent mugissait toujours et la pluie cinglait contre les fenêtres.

Cette étrange aventure semblait nous être amenée par les éléments en fureur, poussée vers nous comme le serait une nappe d'algues marines un jour de tempête, et semblait aussi destinée à être engloutie par les mêmes flots qui l'avaient apportée.

Sherlock Holmes était assis, silencieux, la tête penchée en avant; ses yeux ne quittaient pas la flamme qui brillait dans l'âtre.

Ensuite, il alluma sa pipe et, se penchant en arrière sur son fauteuil, se mit à contempler les spirales de fumée qui se pourchassaient vers le plafond.

"I think, Watson," he remarked at last, "that we have here the most fantastic of all our judicial cases."

"Save, perhaps, the Sign of Four."

"Well, perhaps, yet this John Openshaw is surrounded by even greater dangers."

"But," I asked him, "do you have a definite picture of what those dangers are?"

"There can be no doubt as to their nature," Holmes replied.

"Well, what are they? Who is this K. K. K., and why harass this poor family?"

Sherlock Holmes closed his eyes, placed his elbows upon the arms of the chair, and joined his finger-tips together.

"The ideal logician," he remarked, "as soon as he has knowledge of a fact in all its details, would be able to deduce from it not only the series of events that preceded it, but also all the consequences.

As Cuvier could describe an entire animal through the study of a single bone, so the observer, who has thoroughly understood an event taken in a series, should be capable of determining all the others, those which precede it, as with those that follow it.

We have not yet grasped the consequences which reason alone can bring us.

Through study, one can resolve certain problems which have defied the efforts of the senses.

However, to arrive at the perfection of the art, the reasoner must be capable of putting to good use all the facts that have come to his or her awareness.

This implies, as you can see, a profound science: a thing rare even in our era of free education and encyclopaedias.

It is not so impossible, however, that a man comes to know all that is required of his profession. I can say that such has been the goal of my life.

If my memory serves me correctly, you have on one occasion, in the early days of our friendship, defined and delimited my science in a very precise fashion."

— Je crois, Watson, dit-il enfin, que nous tenons là le plus fantastique de tous nos cas judiciaires.

— Excepté, pourtant, le Signe des Quatre.

— Oui, peut-être; cependant ce John Openshaw est entouré de dangers encore plus grands.

— Mais, lui demandai-je, vous représentez-vous bien ce que sont tous ces dangers?

— Il ne peut y avoir aucun doute sur leur nature, répondit Holmes.

— Eh bien! quels sont-ils? Qui est ce K.K.K. et pourquoi s'acharne-t-il sur cette pauvre famille?

Sherlock Holmes ferma les yeux, plaça ses coudes sur les bras du fauteuil, et joignit le bout de ses doigts.

— Le logicien idéal, dit-il, dès qu'il a connaissance d'un fait dans tous ses détails, devrait non seulement en déduire la suite des événements qui l'ont précédé, mais aussi toutes les conséquences.

De même que Cuvier pouvait décrire un animal tout entier par l'étude d'un seul os, de même l'observateur, qui a bien examiné un événement pris dans une série, devrait être capable de déterminer tous les autres, ceux qui précèdent comme ceux qui suivent.

Nous n'avons pas encore saisi les conséquences auxquelles la raison seule peut nous amener.

On peut résoudre par l'étude certains problèmes qui ont défié les efforts des sens.

Toutefois, pour arriver à la perfection de l'art, il faut que le logicien soit capable de tirer parti de tous les faits portés à sa connaissance.

Ceci implique, comme vous pouvez le voir, une science profonde, chose rare même à notre époque d'enseignement gratuit et des encyclopédies.

Il n'est pas impossible cependant qu'un homme arrive à connaître tout ce qui est nécessaire à sa profession; je puis dire que tel a été le but de ma vie.

Si j'ai bonne mémoire, vous avez un jour, au début de notre amitié, défini et limité ma science d'une façon très précise.

"Yes," I answered, laughing. "It was a singular document. Philosophy, astronomy, and politics were marked at zero, I remember; botany variable; geology profound, as it relates to the mud stains, when this mud was taken from within a radius of fifty miles from the town.

I had qualified you as eccentric in chemistry. I found that you were lacking method in anatomy, but that you were incomparable in sensational literature and criminal research; violin-player, boxer, lawyer, swordsman, and self-poisoner from cocaine and tobacco.

Those are, I believe, the main points of my analysis."

Holmes grinned at these last words.

"Well," he replied, "I have said and I repeat that a man should keep in his little mental attic all that which can be of use to him. As for the surplus, he can stockpile it in his library, until such time as he needs it.

Now, for such a case as the one which has been submitted to us tonight, we certainly need to call on all our resources.

Kindly hand me down the letter K of the American Encyclopaedia, which is on the shelf beside you.

Thank you.

Now let us examine the situation and see what we can deduce from it.

In the first place, we can strongly presume that Colonel Openshaw had some special reason for abandoning America.

A man of his age does not willingly change his habits and leave the charming climate of Florida only to become shut away in a little provincial town in England.

His extreme love of solitude in England makes me believe that he was driven by the fear of someone or something, and we may suppose that it is this fear that drove him to abandon America.

As to the object of his fear, we can only determine it with reference to the terrible letters that he and his heirs received.

Did you note the postmarks of those letters?"

— Oui, répondis-je en riant. C'était un singulier document. La philosophie, l'astronomie et la politique étaient cotées zéro, je m'en souviens; en botanique, variable; en géologie, profonde, en ce qui concerne les taches de boue lorsque cette boue était prise dans un rayon de cinquante kilomètres de la ville.

Je vous avais qualifié d'excentrique en chimie; je trouvais que vous manquiez de méthode en anatomie, mais que vous étiez incomparable en littérature sensationnelle et en études de crime; joueur de violon, boxeur, homme de loi, épéiste, et auto-empoisonneur de cocaïne et de tabac.

Tels sont, je crois, les principaux points de mon analyse.

Holmes sourit à ces derniers mots.

— Eh bien! reprit-il, j'ai dit et je répète qu'un homme devrait garder dans son petit grenier mental tout ce qui peut lui être utile; quant au surplus, il peut l'entasser dans sa bibliothèque, jusqu'au moment où il en a besoin.

Ainsi, pour un cas comme celui qui vient de nous être soumis ce soir, nous avons besoin de faire appel à toutes nos ressources.

Donnez-moi, je vous prie, la lettre K de l'Encyclopédie américaine qui est à côté de vous sur le rayon.

Merci.

Maintenant examinons la situation et voyons ce que nous pouvons en déduire.

Tout d'abord, nous pouvons hardiment présumer que le colonel Openshaw avait quelque raison spéciale d'abandonner l'Amérique.

Un homme de son âge n'aime pas volontiers à changer ses habitudes et à quitter le charmant climat de Floride, pour venir s'isoler dans une petite ville de province, en Angleterre.

Son grand amour de la solitude me fait croire qu'il était motivé par la crainte de quelqu'un ou de quelque chose, et nous pouvons supposer que c'est cette crainte qui lui a fait abandonner l'Amérique.

Quant à l'objet de sa crainte, nous ne pouvons le déterminer que d'après les terribles lettres que lui-même et ses héritiers ont reçues.

Avez-vous remarqué les cachets postaux de ces lettres?

"The first was from Pondicherry, the second from Dundee, and the third from London."

"From East London. What can you deduce from that?"

"The three cities are ports. I conclude that the author of these letters was on board a ship."

"Excellent! We already have a clue. The writer was, in all likelihood, on board a ship.

Let's continue to examine the letter from Pondicherry: seven weeks elapsed between the threat and its fulfilment.

For that of Dundee, the interval was only three or four days.

And do you see a clue?"

"That of a greater distance to travel by the author of the mail."

"Yes, but the letter has also travelled this same distance."

"I do not see the point."

"The vessel on which this man — or these men — is travelling is evidently a sailing ship.

It looks as if they always sent their singular warning before starting out on their mission.

In the case of the letter from Dundee, notice how little time passed between the message and its realisation.

If they had come from Pondicherry by steamer, they would have arrived almost at the same time as their letter.

Now, seven full weeks elapsed.

According to me, these seven weeks represent the difference in speed between the steamer, which brought the letter, and the sailing boat, which brought the author of the letter."

"It is possible."

"I would go even further than that: it is probable. And now you grasp the urgency of this new case, and why I urged Openshaw to watch his back.

The blow has always fallen on the victims once the time required for the sender's voyage has expired.

This last letter comes from London. We must not, therefore, expect a long delay."

— La première venait de Pondichéry, la deuxième de Dundee, la troisième de Londres.

— De Londres Est; que pouvez-vous en déduire?

— Ces trois villes sont des ports; j'en conclus que l'auteur de ces lettres était à bord d'un bateau.

— Parfait! Nous avons déjà un indice. L'écrivain était vraisemblablement à bord d'un navire.

Continuons d'examiner la lettre de Pondichéry: sept semaines se sont écoulées entre la menace et son exécution.

Pour celle de Dundee, l'intervalle n'a été que de trois ou quatre jours.

Y voyez-vous un indice?

— Celui d'une plus grande distance parcourue par l'auteur du courrier.

— Oui, mais la lettre a aussi parcouru cette même distance.

— Je ne vois pas ce que vous voulez dire.

— Le vaisseau sur lequel voyageait cet homme – ou ces hommes – est évidemment un voilier.

Il semble qu'ils aient toujours envoyé leur singulier avertissement avant de partir pour leur mission.

Dans le cas de la lettre de Dundee, remarquez combien peu de temps s'est écoulé entre le message et sa réalisation.

S'ils étaient venus par un bateau à vapeur de Pondichéry, ils seraient arrivés presque en même temps que leur lettre.

Or, sept semaines entières se sont écoulées.

D'après moi, ces sept semaines représentent la différence de vitesse entre le bateau à vapeur qui a apporté la lettre, et le voilier qui a amené l'auteur de la lettre.

— C'est possible.

— Je dirais même plus: c'est probable. Et maintenant vous comprenez combien ce nouveau cas est pressant, et pourquoi j'ai poussé Openshaw à surveiller ses arrières.

Le coup s'est toujours abattu sur les victimes à l'échéance du temps nécessaire au voyage de l'expéditeur.

Cette dernière lettre vient de Londres; nous ne devons donc pas nous attendre à un long délai.

"My goodness!" I cried. "What can this relentless persecution mean?"	— Mon Dieu, m'écriai-je; que peut signifier cette persécution implacable?
"The papers that Openshaw was in possession of are obviously of vital importance to the person or persons who are on board the sailing ship.	— Les papiers qu'Openshaw possédait sont évidemment de toute importance pour la personne ou les personnes qui sont à bord du voilier.
It is quite clear that there must be more than one of them.	Il est assez clair qu'il doit y avoir plus d'un d'entre eux.
A single man could not have been the author of two murders in such a way as to deceive a jury.	Un seul homme n'aurait pas pu être l'auteur de deux meurtres de manière à tromper un jury.
Hence, the assassins were several in number, and they must have been resourceful and determined.	Les assassins étaient donc plusieurs, et ils doivent avoir été ingénieux et déterminés.
They want to have these papers, no matter who the possessor of them be.	Ils veulent avoir ces papiers, quel qu'en soit le possesseur.
In this way, K. K. K. no longer represents the initials of an individual, but rather, the symbol of a society."	De cette façon, K.K.K. ne représente plus les initiales d'un individu mais le symbole d'une association.
"But of what society?"	— Mais de quelle association?
"Have you never heard of the Ku Klux Klan?" said Sherlock Holmes, lowering his voice.	— Avez-vous jamais entendu parler du 'Ku Klux Klan'? dit Holmes en baissant la voix.
"No, never."	— Non; jamais.
Holmes leafed through his book.	Holmes feuilleta son livre.
"Look here: Ku Klux Klan," he said. "This name is derived from its fanciful resemblance to the sound produced by cocking a rifle.	— Tenez, voici: 'Ku Klux Klan', dit-il; ce nom tire son origine de sa ressemblance fantasque avec le son d'une carabine qu'on arme.
This terrible secret society was formed in the Southern states after the civil war by some ex-Confederate soldiers, and it rapidly formed local branches in different parts of the country, notably in Tennessee, Louisiana, the Carolinas, Georgia, and Florida.	Cette terrible société secrète fut formée après la guerre civile, dans les États du Sud, par quelques anciens soldats confédérés, et elle forma rapidement des branches locales dans différentes régions du pays, notamment en Tennessee, en Louisiane, dans les Carolines, la Géorgie et la Floride.
It had a political power and terrorized the African-American voters. All those who were opposed to its views disappeared or were driven from the country.	Elle avait une puissance politique, terrorisait les électeurs afro-américains, et faisait disparaître ou chassait du pays tous ceux qui étaient opposés à ses vues.
Before striking, the members of this society sent — in some bizarre but easily recognizable form — a message to the designated victim: sometimes some oak leaves; sometimes melon seeds or orange pips.	Avant de frapper, les membres de cette société envoyaient, sous une forme bizarre, mais facile à reconnaître, un message à la victime désignée: tantôt quelques feuilles de chêne, tantôt des pépins de melon ou d'orange.
Upon receiving this warning, the victim had to either change his or her way of life, or flee the country.	En recevant cet avertissement, la victime devait ou changer sa façon de vivre ou s'enfuir du pays.

If the victim braved the threat, death would unfailingly result, and usually in some strange and unforeseen manner.	Si la victime bravait la menace, la mort l'attendait infailliblement, et généralement d'une manière étrange et imprévue.
This society was so well organized and so methodically controlled that there is hardly a single case where a man was able to defy it with impunity, and where one has found signs of the perpetrators.	Cette société était si bien organisée et si méthodiquement réglementée, qu'il existe à peine un cas où un homme ait pu la défier impunément et où on ait trouvé des signes des auteurs du crime.
For some years, the organization flourished, in spite of the efforts of the United States government, and of the well-meaning citizens from the Southern states.	Pendant quelques années, cette organisation prospéra, en dépit des efforts du gouvernement et des citoyens bien intentionnés des États du Sud.
Eventually, in the year 1869, the movement rather suddenly collapsed, although there have been sporadic outbreaks since that date."	Finalement, en l'an 1869, le mouvement s'effondra assez soudainement; bien qu'il y ait eu des flambées sporadiques depuis cette date.
"You will observe," said Holmes, putting down the volume, "that the sudden breakup of the society coincides with the disappearance of Openshaw, leaving America with the papers. It may well have been both cause and effect.	Vous remarquerez, dit Holmes en posant le volume, que la dissolution soudaine de cette société coïncide avec la disparition d'Openshaw, quittant l'Amérique avec les papiers: il pourrait bien y avoir là cause et effet à la fois.
It is not surprising that some implacable spirits are relentlessly pursuing the members of the Openshaw family.	Il n'est pas étonnant que des esprits implacables poursuivent sans cesse les membres de la famille Openshaw.
You understand that this register and diary may implicate some of the bigwigs of the South, and that many among them will not sleep until these papers are in their hands."	Vous comprenez que ce registre et cet agenda peuvent impliquer quelques-uns des notables du Sud, et que beaucoup d'entre eux ne dormiront pas tant que ces papiers ne seront pas entre leurs mains.
"Then the page that we have seen…"	— Alors la page que nous avons vue…
"Is indeed as we might expect. It indicated, if I remember correctly, 'sent the pips to A, B, and C' — that is, sent the society's warning to A, B, and C.	— Est bien ce que nous pouvons supposer. On y lisait, si je m'en souviens bien: 'Envoyé les pépins à A. B. et C.', ce qui veut dire envoyé les avertissements de la société à A. B. et C.
Then the note, A and B have been cleared, or left the country. As for C, I indeed fear that he has had a grim outcome.	Puis la note: A. et B. ont été dégagés ou ont quitté le pays; quant à C., je crains bien qu'il n'ait eu un triste sort.
Well, I now believe, Doctor, that we will be able to throw a little light on this obscure tale; and I also believe that the only chance for salvation for young Openshaw in the meantime is to do what I have told him.	Eh bien! je crois maintenant, docteur, que nous pourrons jeter un peu de lumière sur cette obscure histoire; et je crois aussi que la seule chance de salut pour le jeune Openshaw dans l'intervalle est de faire ce que je lui ai dit.
There is nothing more to say or to do tonight.	Il n'y a plus rien à dire ni à faire ce soir.
Pass me my violin and, for half an hour, let us try to forget the miserable weather outside, and the not less miserable passions of our fellow human beings."	Passez-moi mon violon et essayons d'oublier pendant une demi-heure le temps si triste au dehors et les passions non moins lamentables de nos semblables.

In the morning, the weather had cleared, and the sun was shining with a timid brightness through the cloudy veil which was covering the great city.	Au matin, le temps s'était éclairci et le soleil brillait d'une timide clarté à travers le voile nuageux qui recouvrait la grande ville.
Sherlock Holmes was already at the breakfast table when I came down.	Sherlock Holmes était déjà à la table du petit déjeuner quand je descendis :
"Please excuse me for not waiting for you," he said. "I am going to have, I assume, a very full day looking into young Openshaw's case."	— Excusez-moi de ne pas vous avoir attendu, dit-il ; je vais avoir, je suppose, une journée très remplie par l'étude de l'affaire du jeune Openshaw.
"What steps are you going to take?" I asked.	— Quelles mesures allez-vous prendre ? demandai-je.
"That will depend on the outcome of my first inquiries. It may be that I have to go to Horsham."	— Cela dépendra du résultat de mes premières recherches. Il peut se faire que j'aie à aller à Horsham.
"You will not go there first?"	— Vous n'irez pas là d'abord ?
"No, I will commence with the City. Ring the maid so that she may bring you your coffee."	— Non ; je commencerai par la Cité. Sonnez la servante pour qu'elle apporte votre café.
While waiting, I opened one of the newspapers deposited on the table and took a glance at it. My eyes fell on an article which made me shudder.	En attendant, j'ouvris un des journaux déposés sur la table et j'y jetai un coup d'œil. Mes yeux tombèrent sur un article qui me fit frissonner.
"Holmes," I cried, "you are too late."	— Holmes, m'écriai-je, vous arrivez trop tard.
"Ah!" he said, putting down his cup. "It is what I was fearing. How was it done?"	— Ah ! dit-il en posant sa tasse, c'est ce que je redoutais. Comment cela se fait-il ?
Holmes, though showing a lot of composure, was deeply moved.	Holmes, bien que montrant beaucoup de sang-froid, était profondément ému.
"My eye caught the name of Openshaw, and this heading: 'Tragedy Near Waterloo Bridge.' Here is the article:	— Mes yeux sont tombés sur le nom d'Openshaw et sur cet en-tête : 'Drame au pont de Waterloo.' Voici l'article :
"Last night, between nine and ten in the evening, police officer Cook, of H Division, on duty near Waterloo Bridge, heard a cry for help and a splash.	'La nuit dernière entre neuf et dix heures du soir, l'agent de police Cook, de la division H, en service près du pont de Waterloo, entendit un appel au secours et un plouf.
The night was dark, the storm was raging, and in spite of the help of several passersby, it was impossible to effect a rescue.	La nuit était sombre, la tempête faisait rage et malgré l'aide de plusieurs passants il fut impossible d'opérer un sauvetage.
The alarm, however, was given, and the water police managed to fish out the body of a young man — named Openshaw, and residing from Horsham, as indicated by a letter found in his pocket.	L'alarme pourtant fut donnée, et la police maritime parvint à repêcher le corps d'un jeune homme, nommé Openshaw et habitant Horsham, comme indiqué par une enveloppe trouvée dans sa poche.
It is assumed that in his haste to arrive on time to take the last train at Waterloo Station, and thanks to the extreme darkness, he took a wrong turn, and has stepped over the edge of a pontoon which serves to moor the boats.	On suppose que dans sa hâte à arriver à temps pour prendre le dernier train à Waterloo station, et grâce à l'obscurité, il s'est trompé de chemin, et a enjambé l'extrémité d'un ponton qui sert à amarrer les bateaux.

The body exhibited no traces of violence, and it seems apparent that the deceased has been the victim of an unfortunate accident.	Son corps ne portant nulle trace de violence, il semble évident que le défunt a été la victime d'un malheureux accident.
This misfortune should draw the attention of the authorities to the terrible condition of the mooring pontoons."	Ce malheur devrait attirer l'attention des autorités sur l'état terrible des pontons d'amarrage.'
We remained motionless and silent for some minutes, Holmes more depressed and disturbed than I had ever seen him.	Nous restâmes quelques minutes immobiles et silencieux, Holmes plus déprimé et plus ému que je ne l'avais jamais vu.
"That hurts my pride, Watson," he said at last. "It is a petty feeling, no doubt, but my pride is suffering.	— Cela fait mal à mon orgueil, Watson, dit-il enfin. C'est là un bien petit sentiment, sans doute, mais mon orgueil en souffre.
It becomes a personal matter with me now, and, if God grants me health, I will get my hands on this gang!	J'en fais une affaire personnelle et si Dieu me prête vie, je mettrai la main sur cette bande!
And to think that this young man came to beg for my help, and that I have sent him to his death!"	Et dire que ce jeune homme venait implorer mon secours, et que je l'ai envoyé à la mort!
He arose abruptly from his chair and paced up and down the room with an agitated gait.	Il se leva brusquement de son fauteuil et arpenta la chambre d'un pas agité.
His pale cheeks had taken on a faint red colour, and his long thin hands were twitching nervously.	Ses joues blêmes avaient pris une légère coloration rouge; ses mains longues et amaigries se crispaient nerveusement.
"Those folk must be cunning scoundrels, having made him fall into that trap," he exclaimed at last.	— Ces gens-là doivent être de rusés gredins pour l'avoir fait tomber dans ce piège, s'écria-t-il enfin.
"The river bank is not directly in line with the station.	La berge de la rivière n'est pas en ligne directe avec la station.
Even at that hour of the night, too many people were passing over the bridge for them to be able to execute their plan.	Même à cette heure de la nuit, il passait trop de monde sur le pont pour qu'ils pussent exécuter leur projet.
Well, Watson, we shall see who will win this game in the long run. I am going out now!"	Eh bien! Watson, nous allons voir qui gagnera ce jeu à long terme. Je sors sur l'heure!
"To go to the police?"	— Pour aller à la police?
"No; I will do this on my own. When I have spun the web, I will let them take the flies, but not before."	— Non; je me suffirai à moi-même. Quand j'aurai tissé la toile, je les laisserai prendre les mouches, mais pas avant.
All day I was engaged in my professional work, and it was late in the evening before I returned to Baker Street. Sherlock Holmes had not yet come back.	Toute la journée je fus occupé avec mon travail professionnel, et il était tard dans la soirée quand je regagnai Baker street. Holmes n'était pas encore rentré.
It was nearly ten o'clock when Holmes came in. He was looking pale and exhausted.	Il était près de dix heures quand Holmes revint. Il était pâle et exténué.
He went straight to the sideboard, cut a piece of bread, and ate it voraciously. Then he drank a large glass of water.	Il alla droit au buffet, coupa un morceau de pain et le mangea avec voracité; puis il but un grand verre d'eau.
"You are hungry," I remarked.	— Vous avez faim, lui dis-je.

"I am starving. It had escaped my memory. I have not had anything since breakfast."

"Nothing?"

"No, not a bite. I had no time to think of it."

"So, have you succeeded?"

"Yes, certainly."

"You have found a lead?"

"I have them in the hollow of my hand. Young Openshaw will be soon avenged. We are going to brand them with their own trademark. It is a good idea, don't you think?"

"What do you mean?"

He took an orange, opened it, and squeezed the pips out onto the table.

Choosing five of them, he put them in an envelope. On the inside of the flap, he wrote, 'S. H. for J. O.'

Then he sealed it and addressed it to 'Captain James Calhoum, Barque Lone Star, Savannah, Georgia.'

"This letter will be handed to him when he enters port," he said, chuckling, "and may prevent him from sleeping. It will be for him, as it was for Openshaw, a precursor of his fate."

"And who is this Captain Calhoum?"

"The leader of the gang. I will have the others, but him first."

"How did you track him down?"

He took a large sheet of paper from his pocket, all covered with dates and names.

"I have spent the whole day," he said, "consulting Lloyd's registers and piles of the old papers, following the course of all the vessels that had touched at Pondicherry in January and February of '83.

Thirty-six ships of a reasonable tonnage are recorded in the registers for this city during those months.

Of these, one, the Lone Star, immediately attracted my attention — though according to the registers it came from London — since the name is that of one of the states of the United States."

"Texas, I think!"

— Je meurs de faim. Je n'ai rien pris depuis le petit déjeuner.

— Rien?

— Non, pas une bouchée. Je n'avais pas le temps d'y penser.

— Eh bien! avez-vous réussi?

— Oui; certes.

— Vous avez trouvé une piste?

— Je les tiens dans le creux de ma main. Le jeune Openshaw sera bientôt vengé. Nous allons les marquer avec leur propre marque de fabrique. C'est une bonne idée, vous ne pensez pas?

— Que voulez-vous dire?

Il prit une orange, l'ouvrit et en exprima les pépins sur la table.

En choisissant cinq, il les mit dans une enveloppe. À l'intérieur du rabat, il écrivit: 'S. H. pour J. O.'

Ensuite il la cacheta et l'adressa à: 'Capitaine James Calhoum, Barque Lone Star, Savannah, Géorgie.'

— Cette lettre lui sera remise à son entrée au port, dit-il en gloussant, et pourra bien l'empêcher de dormir; elle sera pour lui, comme pour Openshaw, l'avant-coureur de son destin.

— Et qui est ce capitaine Calhoum?

— Le chef de la bande. J'aurai les autres, mais lui d'abord.

— Comment l'avez-vous dépisté?

Holmes sortit de sa poche une large feuille de papier toute couverte de dates et de noms.

— J'ai passé toute la journée, dit-il, à consulter les registres du Lloyd et des monceaux de vieux papiers, suivant la marche de tous les vaisseaux qui avaient touché à Pondichéry en janvier et février 83.

Trente-six bateaux d'un tonnage raisonnable sont inscrits sur les registres de cette ville pendant ces mois.

L'un d'eux, le Lone Star, attira immédiatement mon attention – bien que, d'après les registres, il provînt de Londres – parce que son nom est celui d'un des états des États-Unis.

— Le Texas, je crois!

"I cannot confirm it, but I am sure of its American origin."	— Je ne puis pas l'affirmer; mais je suis sûr de son origine américaine.
"What then?"	— Eh bien! alors?
"I searched the Dundee records, and when I had discovered that the barque Lone Star was in this port in January '85, my suspicion became a certainty.	— Je fouillai les archives de Dundee, et quand j'eus découvert que la barque Lone Star était dans ce port en janvier 85, ma supposition devint une certitude.
From there, I consulted the list of vessels currently in the port of London."	De là, je consultai la liste des vaisseaux actuellement dans le port de Londres.
"And then?"	— Et ensuite?
"The Lone Star arrived last week. I went down to the Albert Dock and found that she had gone down the river this very morning, heading for Savannah.	— Le Lone Star est arrivé la semaine dernière. J'allai au dock Albert et appris que la barque avait descendu la rivière ce matin même, faisant route vers Savannah.
I wired to Gravesend and learned that she was already off the coast. The wind being from the east, the Lone Star has now passed the Goodwins, and must be in sight of the Isle of Wight."	Je télégraphiai à Gravesend et sus qu'elle avait déjà passé au large. Le vent étant de l'est, le Lone Star a maintenant doublé les Goodwins et doit être en vue de l'île de Wight.
"What are you going to do, then?"	— Qu'allez-vous faire alors?
"Relax, I am not letting go of them. I know that the captain and his two mates are the only Americans on board. The others are Finns and Germans.	— Soyez tranquille, je ne les lâche pas. Je sais que le capitaine et ses deux camarades sont les seuls Américains à bord; les autres sont Finlandais et Allemands.
I know, also, that they were all three away from the ship last night. I had it from the mouth of the stevedore who had helped load the boat.	Je sais aussi que tous les trois sont descendus à terre la nuit dernière; je le tiens de la bouche du débardeur qui a aidé à charger le bateau.
Before their boat reaches Savannah, my letter will have arrived via mail, and the Savannah police will know via telegram that these three gentlemen are wanted for murder."	Avant que leur barque atteigne Savannah, ma lettre sera arrivée par la poste, et la police de Savannah saura par télégramme que ces trois messieurs sont recherchés pour meurtre.
However, the best of plans sometimes fail.	Cependant, le meilleur des plans échouent parfois.
The murderers of John Openshaw never received the orange pips, which would have revealed to them that a man as determined and bold as them was hot on their trail.	Les meurtriers de John Openshaw ne reçurent jamais les pépins d'orange qui devaient leur révéler qu'un homme aussi résolu et aussi hardi qu'eux était à leurs trousses.
That year, the storms raged at the equinox. We were waiting for news of the Lone Star, but none ever reached us.	Cette année-là, les tempêtes firent rage à l'équinoxe. Nous attendions des nouvelles du Lone Star, mais aucune ne nous parvint.
One day, however, we heard that someone had seen, far out in the Atlantic, the sternpost of a ship bearing the letters 'L.S.' floating between two waves.	Un jour, pourtant, nous apprîmes qu'on avait vu là-bas, au loin sur l'Atlantique, flotter entre deux lames l'étambot d'un navire portant les lettres L. S.
That is all we shall ever know of the fate of the Lone Star.	C'est là tout ce que nous saurons jamais du sort du Lone Star.
End Vol.1	Fin Vol.1

Printed in Great Britain
by Amazon